O QUE FAZER COM OS LIMÕES QUE A VIDA TE DÁ

Padre Márlon Múcio

O QUE FAZER COM OS LIMÕES QUE A VIDA TE DÁ

Como superar as adversidades pela graça divina

Copyright © Márlon Múcio, 2022
Copyright © Editora Planeta do Brasil, 2022
Todos os direitos reservados.

Preparação: Caroline Silva
Revisão: Renata Mello e Leticia Tèofilo
Projeto gráfico e diagramação: Anna Yue
Capa: Rafael Brum
Imagens de capa: elyaka/iStock

Dados Internacionais de Catalogação na Publicação (CIP)
Angélica Ilacqua CRB-8/7057

Múcio, Márlon
　O que fazer com os limões que a vida te dá / Márlon Múcio. – São Paulo: Planeta do Brasil, 2022.
　224 p.

　Bibliografia
　ISBN: 978-65-5535-797-4

　1. Múcio, Márlon – Biografia 2. Vida cristã I. Título

22-2875　　　　　　　　　　　　　　　　　　　　　　　　CDD 922

Índice para catálogo sistemático:
1. Múcio, Márlon – Biografia

Ao escolher este livro, você está apoiando o manejo responsável das florestas do mundo.

Acreditamos
nos livros

Este livro foi composto em Adobe Caslon Pro e impresso pela Gráfica Santa Marta para a Editora Planeta do Brasil em junho de 2022.

2022
Todos os direitos desta edição reservados à
EDITORA PLANETA DO BRASIL LTDA.
Rua Bela Cintra 986, 4º andar – Consolação
São Paulo – SP CEP 01415-002
www.planetadelivros.com.br
faleconosco@editoraplaneta.com.br

Agradecimentos

Gratidão ao bom Deus;
ao Padre Marcelo Rossi;
ao Jonas Pimentel;
a toda a equipe da Editora Planeta, pela acolhida e pelo carinho, por tudo e por tanto – em especial, aos incríveis Cassiano Elek Machado e Clarissa Melo;
ao Keith Massey, cofundador da Fundação Cure RTD, dos Estados Unidos, por não desistir de mim e das pessoas com RTD ao redor do planeta;
à minha família de sangue;
à minha família no sangue de Jesus: Comunidade Missão Sede Santos;
e a você, que tanto reza por mim e me apoia nas campanhas para eu continuar vivo e fazendo o bem!

Dedicatória

Ofereço este livro

Aos meus médicos:
- Dr. Antonio Vitor Priante
- Dr. Eduardo Saba
- Dr. Felipe de Jesus Gonçalves
- Dr. Felipe Manzani
- Dr.ª Fernanda Alfinito
- Dr. Gabriel Dib
- Dr. Gustavo Notari
- Dr.ª Ingrid Athayde
- Dr. José Guilherme Caldas
- Dr. Leonel Mederos
- Dr.ª Lívia Franklin
- Dr. Marco Calçada
- Dr.ª Monique Basílio
- Dr. Ricardo Abe
- Dr. Ricardo Cauduro
- Dr. Rodrigo Fock
- Dr. Rubens Salomão
- Dr.ª Rayana Maia
- Dr.ª Sabrine Santos

Dr.ª Soraya Saba
Dr.ª Tatiana Dib
Dr.ª Vanessa Falcão

À minha equipe de enfermagem:
Ana Maria da Silva
Aracy Shultz
Elisa Gonzaga
Mayra Nascimento
Nilton de Almeida
Sônia Regina Porto
Victoria Coelho
Vinicius Carvalho

Às minhas fisioterapeutas:
Camila Almeida
Camila Corrêa
Carol Fernandes
Marina Oliveira

Às minhas fonoaudiólogas:
Cristiane Mesquita
Dayane Fonseca

Às minhas nutricionistas:
Flávia Siqueira
Tsuani Yamaguishi

À minha especialista do sono:
Andreia Tupinambá

À minha farmacêutica:
Dr.ª Marcela Furlan

Às minhas dentistas:
   Dr.ª Anna Cecilia
   Dr.ª Silvana Soléo
   Dr.ª Simone Padoan

À minha cuidadora:
   Mamãe Carminha

E ao Dr. Carlos Wollmann, representando toda a equipe do Hospital viValle, de São José dos Campos, que abraçou minha vida e história – incluindo meu diagnóstico, mas muito além dele. É impossível citar todos os nomes que integram as mais diversas equipes desse hospital que se tornou minha segunda casa.

"Escrever um livro não é grande coisa.
Saber viver é muito mais.
E ainda mais é escrever um livro que ensine a viver.
Mas o máximo é viver uma vida
sobre a qual se possa escrever um livro!"
(Viktor Frankl)

"Quero lhe contar como eu vivi
e tudo o que aconteceu comigo."
(Belchior)

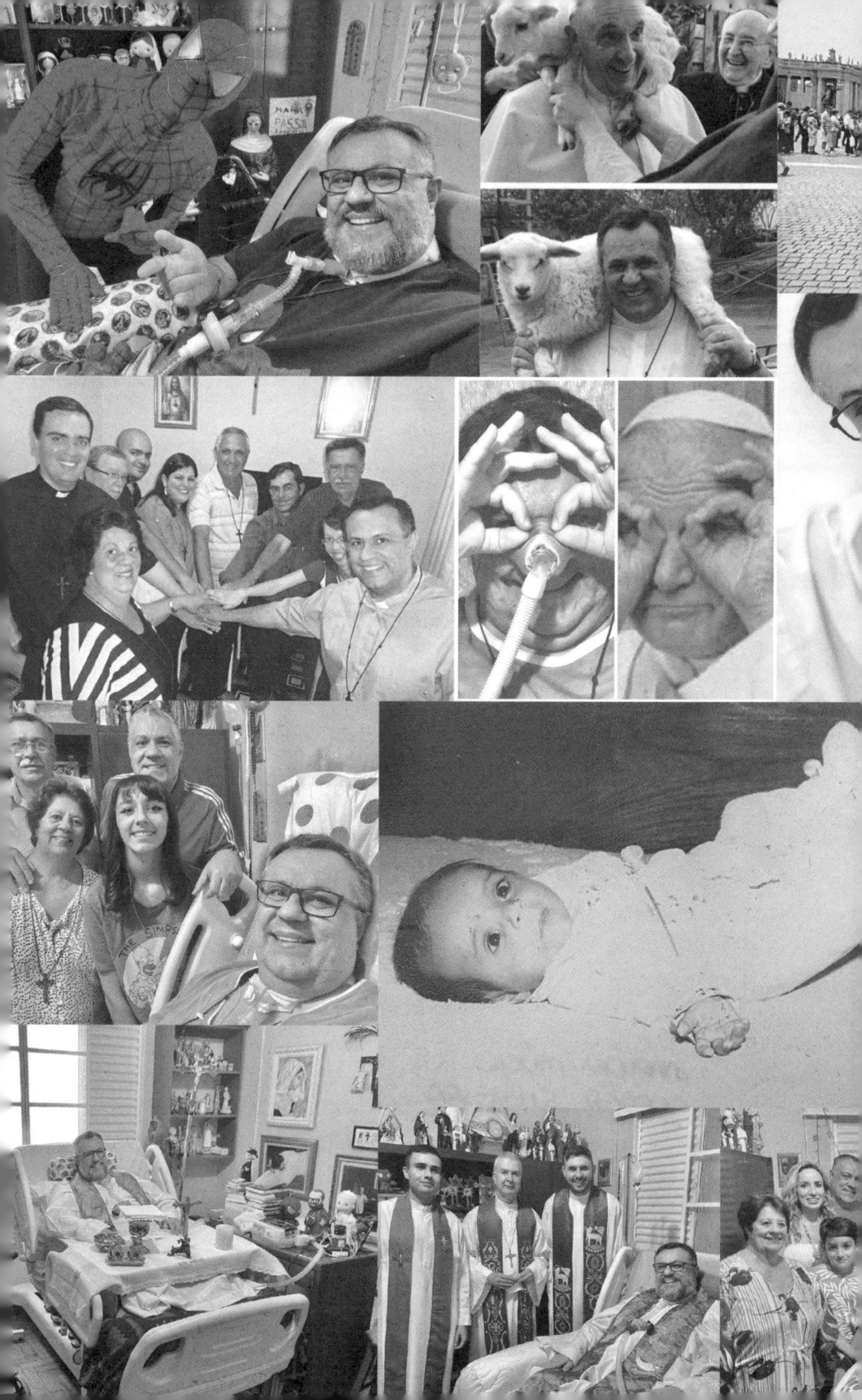

Sumário

Prefácio 17

O que fazer com os limões que a vida te dá 19
Você é o que faz dos seus limões 28
Pelos seus limões, você é um *guibor*! 35
A arte de saber sorrir apesar dos limões 41
Os limões são sagrados 48
Os limões são para o seu crescimento 53
Os limões que o capeta dá 59
É proibido reclamar dos limões 67
Não fuja dos seus limões 71
Rir do azedume do limão é um santo remédio 76
Rir da pessoa "limão azedo" é um remédio e tanto 79
O que você vai fazer com os seus limões? 84
Corte os limões. Curta os limões! 87
Nada de cara de limão azedo! 92
Ai de mim se eu não chupar esses limões! 98
Tomei uma decisão acertada sobre meus limões 101
Eu fico com os limões, e você? 106
Quem tem alguém para dessedentar suporta qualquer
    tipo de limão 110
A limonada compensa o limão 114

O azedume do limão nos dá forças   119
Limões que derrubam gigantes   123
O limão é o seu rei?   126
Às vezes, a limonada amarga de novo   132
Ame os seus limões   137
Os limões são presentes de Deus   142
Os limões são meus   145
Se há limonada, é porque houve limão   149
Estou cada vez mais apaixonado pelos meus limões   153
Você só precisa de um limão!   157
O limão leva você às nuvens   161
O limão não nos mete freio   164
Só dei conta porque fiz muitas limonadas   166
Deus carrega e recarrega você nas limonadas   169
Faça a limonada o mais cedo possível   172
Eu vivo em busca de um pouquinho de adoçante no meu limão!   174
Dê de beber da sua limonada   178
Há vida que se esconde no limão   181
A minha melhor limonada   184
O limão nos acorda   189
Acolha seus limões de bom grado!   193
Pessoas "limão azedo" nos fazem bem!   197
Permita-se a limonada!   200
Posso ajudar você a espremer o seu limão?   202
Se não der para fazer limonada, faça musse de limão   205
Um limão de cada vez   208
Limões de novo?   211
O limão do vizinho é mais bonito   214
Vou continuar fazendo limonada   217

Conheça mais do trabalho do Padre Márlon   220
Bibliografia   223

Prefácio

É com imensa alegria e com muita honra que faço esta apresentação do livro *O que fazer com os limões que a vida te dá*, do meu amigo, irmão no sacerdócio e afilhado espiritual Padre Márlon Múcio.

Não consegui parar de ler este livro, ricamente profundo, que traz a biografia bem-humorada do Padre Márlon e está recheado dos ensinamentos do Catecismo da Igreja Católica, da vida dos santos e das Sagradas Escrituras.

O Padre Márlon realmente é um exemplo para nós, cristãos, de como fazer uma limonada com os limões que a vida oferece!

Primeiramente, creio no poder dos livros de transformar vidas, e é impossível não ser impactado por este livro que você lerá. Você com certeza vai querer ser alguém melhor, mais grato, mais santo.

Hoje vejo que pessoas como o Padre Márlon, que têm uma doença rara, são pessoas diferentes, agraciadas, escolhidas. Deus as usa para impactar vidas e contagiar os outros! Isso é notório na vida de meu irmão Padre Márlon, com sua vida de gratidão, bom humor e alegria.

Mesmo em meio a tantas provações, o Padre Márlon tira um bem maior. Deus escolhe algumas pessoas para deixar marcas indeléveis de amor nos outros por meio de profundos sofrimentos – e também para mostrar que a vida de santidade é feita de escolhas e permeada por grandes provações, mas sem perder a fé e a esperança.

Sou imensamente grato a Deus por minha amizade com esse homem de Deus que, com seu sofrimento, extrai a doçura de uma vida íntima com Jesus. E nos impacta com seu sim diário de fidelidade à Igreja, com seu chamado para ser padre e com sua missão de ser santo.

Deixo também um abraço carinhoso à sua mãe, dona Carminha, ao seu pai, seu Múcio, e ao seu irmão, Paulo Gustavo. É uma família de Deus que vive em santidade e é presente em toda a caminhada do Padre Márlon. Eles são como Simão Cireneu para o Padre Márlon, ajudando-o a carregar a sua cruz para um bem maior: a eternidade. E o Padre Márlon também se tornou o nosso Cireneu, ajudando-nos a carregar a nossa cruz.

Minha bênção sacerdotal,

Padre ✠ Marcelo Rossi ☫ †

O que fazer com os limões que a vida te dá

"Eu não pensava, então, que era necessário sofrer muito para chegar à santidade. O bom Deus não tardou a me mostrar, enviando-me provações." (Santa Teresinha do Menino Jesus)

"Quando a circunstância é boa, devemos desfrutá-la; quando não é favorável, devemos transformá-la; e quando não pode ser transformada, devemos transformar a nós mesmos." (Viktor Frankl)

Quem diria, hein? Descobri que sou milionário! Não, não estou na lista dos milionários da afamada revista Forbes. Eu me divirto brincando que estou na lista dos guerreiros (os *guibores*) da "revista Fortes". Olha, eu sou uma das pessoas mais ricas do mundo – mas calma, ostentação não é comigo, não, e já reservei uma boa parte da minha fortuna para você!

Sabe, eu já me considerava rico, bastante rico: de Deus, da graça d'Ele, do amor d'Ele. Dos bens deste mundo, não. Não tenho nada. Nunca me interessei por um relógio de marca, um celular de última geração, uma roupa de grife, um carrão (nem carro eu tenho). A felicidade, ensinou a madrinha Santa Teresinha do Menino Jesus e da Sagrada Face, não consiste em possuir riquezas, mas em submeter humildemente a própria vontade à de Jesus, que dá a cada um o que sabe ser necessário à salvação de sua alma.

Graças a Deus, minhas únicas ambições são alcançar o céu, buscar a santidade, promover vidas, evangelizar. O céu é minha única ambição, meu único limite. Meus limites não são os desafios que uma doença desconhecida me trouxe e traz. O céu é meu limite!

Em março de 2019, depois de nove anos de uma verdadeira via-sacra, uma peregrinação, uma odisseia em busca de um diagnóstico, muitas consultas com diversos médicos das mais variadas especialidades e inúmeros exames – muitos deles invasivos –, recebi uma notícia bombástica: o diagnóstico médico de que tenho uma doença rara!

Eu tinha 45 anos de idade e estava começando o segundo tempo do jogo da minha vida, no auge do meu ministério sacerdotal e missionário. Já tinha escrito quarenta livros que renderam três milhões de exemplares vendidos; tinha viajado em missão para dez países, anunciando o Evangelho de Jesus Cristo depois de ter evangelizado em muitos meios de comunicação e me dedicado a inúmeras obras de misericórdia ao lado de minha amada comunidade missionária; tinha ministrado para assembleias cheias de fiéis sedentos pela graça e pela nova vida encontrada em Jesus.

Gente, uma doença genética, neurodegenerativa, progressiva... e sem cura! Para a ciência, hoje, ainda não há cura. Há um tratamento para tentar reverter alguns dos terríveis danos que essa doença causa e quem sabe frear o seu avanço, mas ainda não se sabe tudo que o tratamento pode fazer por quem é acometido por essa enfermidade. Minha equipe de saúde fala em me dar "qualidade de vida"; algumas intervenções são feitas para me dar "suporte de vida" – traduzindo em miúdos, para eu continuar vivo!

A notícia dessa doença só não foi um golpe para mim porque a minha vida já estava, há muito tempo, totalmente mergulhada em Jesus. Até fiquei feliz em saber o que eu tinha: afinal de contas, eu poderia enfim me tratar! Eu queria me tratar para servir melhor aos irmãos no ministério sacerdotal e missionário que o Senhor e a sua Igreja me confiaram. Era o que eu pensava. É o que ainda penso.

Mas eu ainda não sabia quão rara era a minha doença. Fui conhecer os números mais aproximados apenas quase um ano depois, em 2020. Segura esta: tenho uma doença não apenas rara, mas ultrarrara, raríssima!

Chama-se Deficiência do Transportador de Riboflavina (RTD), ou Síndrome de Brown-Vialetto-van Laere (BVVL). Eu nunca tinha ouvido falar dela, e você provavelmente também não. Sou um caso em um milhão de pessoas! Por isso, folgo em dizer que sou "milionário". De cada um milhão de pessoas que nascem, apenas uma tem RTD. Na primeira descrição científica da doença, ela foi chamada de "forma infantil da Esclerose Lateral Amiotrófica" – ELA.

Em março de 2022, em todo o mundo, éramos apenas 327 pessoas diagnosticadas com RTD. No Brasil, contando comigo, são apenas doze (sete adultos e cinco crianças). Com certeza há um pouco mais de gente que ainda não foi diagnosticada, porque a doença é pouco conhecida, pouco estudada e pouco pesquisada; então, sua possibilidade é pouco aventada para um enfermo e sua família quando procuram atendimento médico.

De causa genética, a RTD é consequência de uma alteração no gene SLC52A3; trata-se de um erro inato do metabolismo e está classificada na CID 10 com o código G12.1. Atinei que convivo com a doença desde que nasci, pois ela já estava presente na minha carga genética, embora tenha se manifestado calmamente ao longo dos anos. Que eu saiba, sou o único caso em minha família.

E o que essa doença nos causa? A RTD provoca uma acentuada fraqueza muscular; uma fadiga incomum (ficamos muito cansados e até exaustos mesmo que não façamos nada, e descansar é muitas vezes vital); dores intensas e constantes; além de grandes desafios, sobretudo para respirar, andar, falar, comer, ouvir e ver. A RTD mexe com os músculos de praticamente o corpo todo, mas não interfere em nossa capacidade mental.

No meu caso, tenho bastante fraqueza para sustentar a cabeça, ficar de pé e andar, na cintura, nos músculos do rosto, no maxilar e para mastigar e engolir.

Graças a Deus, meus braços são bem mais fortes que minhas pernas e meus dedos continuam ágeis e fortes, o que me permite colocar o *notebook* sobre o colo, na cama, e continuar escrevendo meus livros e evangelizando pelas redes sociais. Literalmente troquei os pés pelas mãos! São as surpresas da vida.

Antes, eu vivia na "ponte aérea" Taubaté-mundo. Eu tinha rodinhas nos pés e estava sempre viajando pelo Brasil e pelo mundo, falando de

Jesus e da verdadeira e única vida que há só n'Ele, principalmente orando pela cura e libertação do sofrido povo de Deus.

Hoje, viajo o tempo todo (e apenas) de ambulância, abençoando, da rodovia, os carros que passam, as casas e as famílias no trajeto, os caminhos que percorro e seus caminheiros, que carregam eles também suas cruzes. Igualmente viajo de maca, ao longo da UTI do hospital, levando a bênção de Jesus aos meus irmãos que lá sofrem, de leito em leito, de quarto em quarto.

Minha fadiga é global, é no corpo todo. As dores são mais localizadas na traqueia, no diafragma e nas pernas. Minha visão diminuiu de maneira considerável nos últimos anos (muitas vezes, vejo tudo duplicado) e minha audição está bem comprometida: para falar comigo, o volume tem de ser alto e, frequentemente, eu ouço, mas não entendo! Duas pessoas falando ao mesmo tempo me causam uma tremenda perturbação, e fico atordoado quando ouço uma pessoa falando junto com a televisão.

Desde janeiro de 2021, lido com uma diarreia quase diária, o que me obriga a levantar da cama e ir ao banheiro mais de uma vez por dia (e já aproveito para a mamãe me dar banho). Essa movimentação é um martírio, pois me deixa muito cansado. O xixi eu faço na cama mesmo, no "papagaio". Na UTI, quando a doença piora, o banho também é feito na própria cama.

Ainda há uma grande variedade de outros sintomas da RTD entre os pacientes, e a severidade da doença também muda muito de uma pessoa para outra. Ao longo de toda a vida, convivi com uma forma branda da doença sem que ninguém suspeitasse dela, nem mesmo os médicos! De 2014 para cá, a doença tem avançado bastante. A partir de 2021, então, nem se fale!

Hoje percebo que tenho sintomas da RTD desde os 7 anos de idade, quando fiquei completamente surdo dos dois ouvidos. Foi a primeira das quatorze cirurgias que já fiz e a primeira manifestação da doença. Na escola, nunca fui de fazer educação física. Preferia ficar lendo, estudando. Eu dizia que ficava cansado, mas ninguém via nenhum problema nisso... nem eu. Como eu era, graças a Deus, muito inteligente, ninguém se incomodava.

Eu era um "rato de biblioteca"! Assim foi na minha infância e adolescência na Escola Caetano de Campos, no bairro da Aclimação, em São Paulo. Lá entrei na pré-escola. Lá também estudei até o ensino médio. De lá saí para cursar Filosofia na USP. Isso depois de ter passado no vestibular de Medicina da mesma universidade. Mas Jesus me chamou para ser médico das almas.

Depois, aos 15 anos, quando trabalhava no Banco Bradesco, eu não queria comer minha marmita, porque mastigar me cansava. Começaram ali as minhas primeiras quedas: na escada, do ônibus, em casa, na rua... Quando fui ordenado padre, no ano 2000, a fadiga começou a ganhar mais força. Nos primeiros tempos de sacerdote, perdi totalmente a voz (devido à fraqueza dos músculos da fala) e, ao ouvir a confissão de alguns fiéis, eu cheguei a dormir na frente deles! Isso me causava muito desconforto e constrangimento.

Graças a Deus, também aos 15 anos, tive a graça de receber o batismo no Espírito Santo, que foi e tem sido uma grande força para eu vencer as dificuldades da vida e fazer bom uso dos limões que ela me deu. Como desejo essa graça também para você! Imponho sobre você minhas mãos, mas, por favor, procure um grupo de oração da Renovação Carismática Católica e ganhe uma nova vida em Jesus, pelo poder do seu Espírito Santo de amor.

Os grupos de oração são uma grande bênção na vida da Igreja e na nossa vida! Ainda jovenzinho, comecei a participar dos grupos de oração da Paróquia Nossa Senhora dos Remédios, na Aclimação, onde eu e minha família morávamos. Também no grupo de jovens Vaso Novo, no Colégio Sion, e, depois, com minha família, começamos a trabalhar na intercessão, e eu na música, no grupo de oração AMMI, da Catedral da Sé, de São Paulo. Sou carismático raiz. Eita tempinho bom que não volta mais!

A partir de 2010, quando iniciei uma exaustiva busca sobre o porquê dos meus tantos sintomas, eu já dormia no banheiro e carregava comigo um grande cansaço em tudo o que eu estivesse fazendo – ou até mesmo se não estivesse fazendo nada.

As atividades que eu fazia não eram proporcionais ao cansaço que depois me sobrevinha. Passei a vida inteira tentando driblar todos esses sintomas e me esforçando para não dar atenção a eles, pois sempre estive muito ocupado, sempre tinha muito o que fazer. Acredito muito no ensinamento de São João Bosco: "Mente vazia é oficina do Diabo".

Jamais imaginei que eu tinha uma doença, uma doença tão grave e avassaladora. Mesmo sem saber dela, passei a vida toda fazendo limonadas com os limões que a vida me dava. Nunca foi sorte, sempre foi Deus!

Entretanto, eu gostaria de te dizer: tenho uma doença rara, mas a doença não tem a mim. Tenho uma doença, mas não sou doente. Eu disse à enfermidade: "Olha aqui, o negócio é o seguinte: se você não quiser ir embora do meu corpo, então fique, mas fique bem quietinha. Você pode até ficar, doença, desde que não me adoeça!".

Antes mesmo de saber que nome tinha a doença e tudo que ela me causaria, decidi que não serviria à enfermidade, mas sim que me serviria dela para me santificar, evangelizar, impactar positivamente vidas e, mudando a minha sina, colaborar, quem sabe, um pouquinho que seja, para a transformação da história alheia. Creio que cada pessoa que se eleva é capaz de elevar o mundo!

Decidi não ficar confinado na cama. Mesmo que meus músculos estivessem tão fracos e eu tão cansado, a ponto de precisar ficar o tempo todo deitado, e mesmo que precisasse dormir várias vezes ao longo do dia para recuperar a energia, decidi não ficar recluso na dor. Vivi muito tempo à base de fé e morfina; hoje, vivo à base de fé e de outros medicamentos para a dor.

Determinei a não deixar a tristeza me paralisar. Graças a Deus, nunca fico triste ou abatido pela doença ou por outros desafios que a vida me apresenta. Resolvi não ficar encarcerado no coitadismo. Sou cristão, cristão padre e padre missionário! O vitimismo não combina e não pode combinar em nada comigo.

Tomei a resolução de não me submeter a um diagnóstico, nem mesmo ao seu prognóstico. Creio que tudo isso vai passar. Creio que tudo pode ser mudado pela força da oração. Quando e como vai acontecer, não faço a mínima ideia. Mas creio! Creio no poder e na ternura de Jesus. Creio na capacidade da ciência a serviço da fé e da vida. Sempre ensinei que toda a medicina provém de Deus (Eclo 38,2) e tenho grande reverência à ciência de Hipócrates.

Pode até ser que quando você estiver lendo este livro eu já tenha superado alguns ou muitos ou todos os sintomas dessa "visita de Deus" a mim que se chama enfermidade. Uma visita santificadora para mim e para você!

Eu que não vou ficar de braços cruzados e de pernas para o ar! Vou continuar a viver, viver feliz e sorrindo, com a graça de Deus. Vou continuar a tocar a vida, com a oração que você faz por mim, amém? Eu decidi continuar.

Decretei que sou mais forte que a doença, que ela não me define. Sei que sou mais que um diagnóstico. Decidi prosseguir, ainda que minhas pernas estejam, hoje, dia e noite, sobre a cama. "Se é verdade que somos afetados por estímulos externos, também é verdade que temos consciência e liberdade para escolher como responder ao que nos afeta; responder, e não simplesmente reagir!" São palavras muito necessárias do famoso neuropsiquiatra austríaco Viktor Frankl, falecido em 1997.

Não conheci o doutor Viktor, mas é como se fôssemos grandes amigos e de longa data. Ah, e como se ele fosse meu médico e eu fosse seu paciente! Não se pode comparar sofrimentos nem aluviões, mas esse médico sentiu na pele os horrores dos campos de concentração, e eu sinto nos músculos os horrores de uma doença neurodegenerativa, progressiva, raríssima e incurável. Sem tratamento, potencialmente fatal.

Esta frase resume a linha de pensamento do doutor Viktor e também a minha: "Nós podemos descobrir o significado da vida de três diferentes maneiras: fazendo alguma coisa, experimentando um valor ou o amor e sofrendo".

Penso que já passei por essas três facetas do significado da vida e ainda as vivo com intensidade. É esse tripé *frankliano* que dá significado à minha existência. Continuo fazendo muitas coisas – como diriam os Titãs, "Tudo ao mesmo tempo agora". Continuo experimentando constantemente os valores e o amor: de Deus, da minha família, da minha comunidade missionária, do povo de Deus, dos meus leitores e dos meus seguidores nas redes sociais. E continuo sofrendo!

Mas Padre Márlon, vendo o senhor falar do sofrimento, somos tentados a te perguntar: o senhor não quer a sua cura?

Ora, é claro que quero! No entanto, já faz um tempo que tomei a melhor decisão da minha vida: estou empenhado em conseguir mais que a minha cura. Estou dedicado a colaborar com as pesquisas relacionadas à cura das doenças raras e com a cura dessa doença raríssima e cruel chamada RTD, e, por meio da descoberta da cura, garantir mais vida para quem hoje é acometido por ela, sobretudo as criancinhas, e para as gerações futuras.

Posso, no meu sofrimento, mudar o futuro de muita gente! As crianças são quem mais sofre com a RTD e, quando não recebem diagnóstico e tratamento precoce, podem morrer com poucos anos de vida.

Verdadeiramente sinto que fui "premiado" para ser uma pessoa melhor e para melhorar um pouco este mundo. Não sou "milionário" à toa. Se Deus me permitiu ser "milionário", foi para eu dividir a minha fortuna. E escolhi você – você mesmo! – como um dos meus herdeiros! Este livro pertence à partilha dos meus bens espirituais: meus saberes e sabores por conta de tantos dissabores.

Um versículo bíblico que me salta agora ao coração é este, do livro da Sabedoria: "Eu estudei lealmente e reparto [a Sabedoria] sem inveja e não escondo a riqueza que ela encerra, porque ela é para os homens um tesouro inesgotável; e os que a adquirem preparam-se para se tornar amigos de Deus" (Sb 7,13-14a). Estou repartindo a sabedoria que o próprio Senhor tem e me deu sem eu nada fazer por merecer.

Se a vida te der limões, o que fazer? Uma limonada! Deixa eu te perguntar: o que você tem feito com os limões que a vida tem te dado? O que você vai fazer com os limões que a vida te dará? A senhora vida tem dado a mim e a você muitos limões, e tenho percebido que sempre busco fazer deles uma limonada. Quase de forma instintiva, bastante espirituosa e sempre espiritualmente. Sou o que sou pela graça de Deus, pelas orações e pelo carinho do povo de Deus por mim e também por conta dos meus limões.

Sem dúvida, eu preferiria escrever um livro sobre os chocolates, mas estou aqui escrevendo um livro sobre o quê? Sobre os limões e eu! A questão é que na minha vida – e penso que também na sua – há mais limões que chocolates. Estou certo?

Como sou grato a Deus pelos meus limões... ah, benditos limões! Como eu os amo, meus limões! O Senhor tem me dado uma inteligência cítrica e um humor frutífero. Os meus limões me transformaram no que sou. Minha espiritualidade e minha espirituosidade têm colocado a doença no lugar dela.

Não pense você que o limoeiro do quintal da minha vida é infrutífero ou que só me presenteie com limões dulcíssimos. Meu pé de limão está carregado de flores, sim, mas também de frutos azedos. Meus limões fizeram de mim um *guibor*, um guerreiro, um valente guerreiro, um guerreiro de elite.

Quer saber mais? Seus limões podem fazer de você também um grande guerreiro. Tenha a coragem de espremer o limão, de ir além da flor do limoeiro; de ir além do limão, de deixar o Senhor forjar em você um valente guerreiro. O bom Deus me deu *expertise* gastronômica e *gourmet* com os limões da vida, e quero, com muito carinho, partilhar com você o que Ele tem me ensinado. Nossa conversa será de *guibor* para *guibor*, de guerreiro para guerreiro. Amém?

Você é o que faz dos seus limões

"Compreendi que meu amor não se devia traduzir somente por palavras." (Santa Teresinha do Menino Jesus)

"Quem tem um porquê, suporta qualquer como!" (Viktor Frankl)

Sou um melômano, e uma canção do folclore nordestino brasileiro não sai da minha memória musical infantil. Veja: todo mundo tem, na alma, um limoeiro. Todo mundo tem um limoeiro para chamar de seu:

"Meu limão, meu limoeiro
Meu pé de jacarandá
Uma vez tin-do-lelê
Outra vez tin-do-lalá."

Os limões e eu! Recentemente, até mesmo um pé de limão-taiti foi plantado com o meu nome na chácara onde fica a comunidade terapêutica para tratamento de pessoas com dependência química (de álcool e outras drogas), a qual tenho a graça de continuar presidindo aqui da cama: o Instituto Santa Teresa d'Ávila, em Caçapava, São Paulo.

Cresci ouvindo da mamãe Carminha: "Meu filho, remédio ruim que é bom. Tome logo o seu remédio, menino!". Hoje eu digo para você: limão na vida que é bom! A geração alfa é uma geração "Nutella": para os nascidos a partir de 2010, tudo é muito difícil; eles geralmente são pessoas mimadas e com pouca resistência aos desafios cotidianos. É muito "mimimi" e pouca ave-maria! Não sabem muito bem o que fazer dos seus limões, não sabem muito bem viver... e o Roberto Carlos insiste: "É preciso saber viver!".

Eu me lembro de que quase morri na minha primeira cirurgia de traqueostomia, em janeiro de 2021. Ocorreu um "falso trajeto" na colocação da traqueostomia e a minha saturação de oxigênio no sangue caiu para 40 (o normal é ficar por volta dos 100). Fiquei todo roxo! Lembrei de outra ocasião: eu nasci roxo, estava passando da hora. Nos primeiros anos de vida, só chorava. Não ficava no colo de ninguém; só no da minha mãe e, quando muito, no do meu pai.

Na UTI, após as cirurgias da traqueostomia, os enfermeiros e os fisioterapeutas tinham de ficar aspirando a minha traqueia inúmeras vezes, o dia todo e a noite toda. O incômodo era voraz. Meu pai chorava e meu irmão se afastava porque não queria ver a cena e o estado em que eu ficava. A mamãe ficava de pé vendo tudo, como Maria aos pés da cruz. A aspiração profunda da traqueia é o maior terror de nós, traqueostomizados.

Logo no início, vendo aquela sujeira no tubo ligado à minha garganta, eu disse à fisioterapeuta Gabi, sem voz, mas com ar de repulsa: "Que nojo!". Ela não teve dó de mim: "O quê? O senhor está com nojinho da sua secreção, do seu catarro?". Nunca mais tive nojo e hoje eu mesmo faço muitas de minhas limpezas na traqueia. Aquela censura me deu resistência!

Em 2016, Jesus me disse, quando eu estava em profunda adoração ao seu corpo e sangue: "Meu filho, a sua doença é para a sua cura!". No ano seguinte, Ele me contou um pouco mais: "Padre Márlon, a sua doença é para a sua cura e também para a cura de uma multidão!". Muita gente de Deus e também da ciência já confirmou isso que Jesus me disse bem ao pé do ouvido do meu coração.

Quando você descobre que tem uma doença raríssima, incurável – para a medicina humana, mas não para o Senhor –, degenerativa e progressiva, a sua vida vira de cabeça para baixo. Mas se você tem fé, família e amigos (como você, que reza por mim, que participa das minhas celebrações, que lê meus livros e faz as minhas orações, que me segue nas redes sociais, que me ajuda nas campanhas financeiras para eu continuar vivendo), você não perde a cabeça, não.

Mesmo quando minha cabeça cai de lado, por conta da fraqueza dos músculos do tronco, eu não a perco! São João Batista e São Dionísio (Saint-Denis de Paris) que me acudam. "Levantai as vossas cabeças; porque se aproxima a vossa libertação" (Lc 21,28b).

Em 2014, comecei a andar de bengala. Antes de terminar o ano, eu já tinha passado para o andador. Dali para a cadeira de rodas foi só um pulo. Quer dizer, pulo que não foi, né? Se me era difícil até tirar o pé do chão, como eu poderia pular? E hoje, desde março de 2020, fico dia e noite na cama. Quando a pandemia de coronavírus foi decretada, eu voltei para a cama. Meu corpo está sofrendo o progresso da doença, mas a minha alma está passando pelo progresso da graça de Deus. Aleluia!

Você também pode se tornar um *guibor*, um valente guerreiro. Nas páginas deste livro, trago o sumo da minha alma, a minha melhor limonada. Agradeça a Deus pelo seu limão de cada dia e descubra o que você pode fazer com os limões que a vida te dá.

Se a vida te der limões, e ela dá, não os use apenas para fazer uma limonada – embora seja verdade que fazer uma boa limonada já é um avanço. No entanto, saiba que da casca ao bagaço a fruta tem mil utilidades: pode ser utilizada na limpeza do banheiro, na conservação do açúcar e até para evitar o escurecimento de panelas.

Há quem empurre a vida com a barriga. Eu, mesmo estando com uma certa "barriguinha", não empurro a vida, não. Decidi viver a vida de maneira intensa e apaixonada, espiritual e espirituosa. Eu não sobrevivo, eu vivo!

Em setembro de 2018, tive a graça de uma surpreendente melhora no meu quadro de saúde. Todos os sintomas praticamente sumiram. Isso durou um ano e meio, até o final de março de 2020, quando uma descompensação metabólica fez os sintomas voltarem sem nenhuma piedade.

Creio que essa graça da melhora voltará a acontecer. De que maneira, eu não sei; o que sei é que deixo Deus ser Deus da minha vida e da minha história. Quanto à ciência, ela pode vir a descobrir a cura para a doença. Eu mesmo estou trabalhando bastante para isso!

Porém, também creio na cura que vem pela melhora, até mesmo pelas pequenas melhoras no dia a dia. A melhora vem não só dos medicamentos farmacológicos, mas também da fisioterapia, da fonoaudiologia e da psicologia. Há melhora na vida do enfermo quando há cumplicidade da família e carinho dos amigos no processo terapêutico. Há melhora no oferecer o sofrimento a Jesus, por alguma pessoa, causa ou situação.

Meu tratamento é feito com uma altíssima dose de riboflavina, L-carnitina e coenzima Q10, além de alguns polivitamínicos que são manipulados para mim pela minha caríssima dr.ª Marcela Furlan, da Acqua Fórmula, de Curitiba. Ela e sua equipe têm me mantido vivo e prolongado meus dias. Como sou grato a eles! Tenho por essa equipe uma gratidão tenra, terrena e eterna. Ah, também faço fisioterapia diariamente e fonoterapia três vezes por semana. Como amo a minha equipe e como sou amado por cada membro dela!

Há cura no desejo de não desperdiçar a vida. Há cura na salutar decisão de não guardar mágoas e no viver de bem com Deus, consigo e com todos. A vida é tão curta, como não a curtir? Há cura nas janelas que Deus abre quando a doença insiste em entrar pela porta da frente e fazer morada na casa do nosso corpo. Há cura quando a alma é curada, mesmo que o corpo ainda padeça. Há cura no bom humor e no otimismo, no levar de maneira leve a vida, uma doença ou qualquer outro tipo de sofrimento. Há cura no entusiasmo de viver.

Ensina a Igreja Católica Apostólica Romana no seu Catecismo:

"A doença e o sofrimento estiveram sempre entre os problemas mais graves que afligem a vida humana. Na doença, o homem experimenta a sua incapacidade, os seus limites, a sua finitude. Qualquer enfermidade pode fazer-nos entrever a morte.

A doença pode levar à angústia, ao fechar-se em si mesmo e até, por vezes, ao desespero e à revolta contra Deus. Mas também pode tornar uma pessoa mais amadurecida, ajudá-la a discernir, na sua vida, o que não é essencial para se voltar para o que o é. Muitas vezes, a doença leva à busca de Deus, a um regresso a Ele." (Catecismo da Igreja Católica, 1.500 e 1.501)

Há quem esbraveje contra Deus e fique "de mal" d'Ele e com cara de limão azedo quando uma doença chega e teima em ficar. Eu me tornei, graças ao próprio Deus, mais amigo d'Ele. Hoje, eu O amo mais do que sempre O amei e O sirvo melhor mais do que sempre O servi. Se antes já gostava de sorrir, hoje sorrio ainda mais. Repito as palavras do meu amiguinho do céu, Marcel Van, servo de Deus: "Deus me confiou uma missão: transformar o sofrimento em felicidade". O meu sofrimento e o de tantos outros.

De onde vem a cura? Vem da resignação, mas também da resistência. A cura vem da insistência! A cura vem da ressignificação e da resiliência.

Considerando que o homem é um ser capaz de suportar e superar o sofrimento, a recomendação que sempre dou a quem me pergunta como lido com o meu próprio sofrimento é: entenda o sofrimento como um desafio, o desafio de se melhorar e melhorar alguém ou algo, o desafio de transformar a tragédia em triunfo, o desafio de mudar o mundo.

Segundo a logoterapia de Viktor Frankl devemos evitar a dor quanto for possível, mas, assim que aparecer um sofrimento inevitável, esse sofrimento deve ser transformado em algo significativo.

Senhor, sofrimentos não peço, mas se quiser me mandar cruzes, me mande também o ombro para carregá-las. Com a madrinha Santa Teresinha do Menino Jesus, eu também digo: "Felizmente, não sou fácil em desanimar". E sobretudo: "Só tenho o hoje!".

Santa Teresinha é a santa mais amada no mundo inteiro. O Papa São Pio X a chamou de "a maior santa dos tempos modernos". Sua "Pequena Via" é o caminho que os céus me deram para eu percorrer e, assim, buscar ser santo e santificar.

Para amar Jesus, só tenho o hoje. Só tenho o aqui: a minha cama e o meu quarto, que é a minha capela, a minha UTI pessoal, de onde alcanço o mundo inteiro pelo amor, pelas orações, pelo sofrimento, pelos livros e pelas redes sociais. Só tenho o agora! Para ser bom, só tenho o hoje. Não fico matutando acerca da degeneração do meu corpo e do progresso da doença: *Quais músculos do meu corpo ficarão débeis amanhã?* ou *O que vai parar de funcionar no meu corpo amanhã?* Eu tenho o hoje, e isso me basta.

Escrevo este livro junto da relíquia da carne do corpo de Santa Teresinha e com ela abençoo você! Escrevo também junto da relíquia de muitos outros santos, beatos e servos de Deus da Santa Igreja. Escrevo este livro porque não tenho tempo a perder e não posso perder tempo. Tenho o hoje – você também tem! –, e eu e você só precisamos do hoje. "A cada dia basta o seu cuidado" (Mt 6,34b). A cada dia bastam os seus limões.

Tenho de ser mais veloz do que essa implacável doença. Você precisa ser mais ágil do que as previsões que seus amigos e inimigos fizeram sobre seus sofrimentos. Você precisa ser mais ligeiro do que o prognóstico que os seus médicos te deram. A fugacidade da vida e a imperiosidade do agora devem reger nossa existência.

O que é a vida? Passo a palavra para a madrinha Santa Teresinha: "A vida é apenas um sonho. Em breve acordaremos, e que alegria! Quanto mais nossos sofrimentos são grandes, tanto mais nossa glória será infinita". Disse mais a Santinha das Rosas: "A vida é um instante entre duas eternidades".

Santa Teresa de Lisieux aprendeu com quem? Com outra Teresa: Santa Teresa d'Ávila. Dotada de um humor único, realista e sarcástico, a Santa Madre exclamou: "A vida é apenas uma noite que se passa em péssima hospedaria". Vou contar para você: amo este mundo, mas amo muito mais o céu. Amo Taubaté, mas amo imensamente mais a Jerusalém Celeste. Amo a casa em que moro, mas tenho um apreço irresistível pela morada eterna.

Durante a escrita deste livro, precisei parar por diversas vezes. Motivo: minha fadiga crônica ia à exaustão. O Senhor foi trabalhando em mim de maneira surpreendente para que eu pudesse compor estas linhas. As paradas foram ricamente inspiradoras. Voltei a ser internado na UTI, porque meu tratamento convencional para a RTD não estava surtindo o efeito esperado. Mais uma vez, corri perigo de morte.

Por conta disso, precisei de imunoglobulina humana, um remédio fabricado a partir do plasma de sangue humano doado. Trata-se de um remédio caríssimo e que estava em falta na rede de saúde. O Santo Espírito me levou a entrar numa campanha de doação de sangue: "Seu Sangue, Minha Vida". Quem nunca tinha doado sangue passou a fazê-lo, venceu o medo e entregou-se à generosidade.

Quero que você saiba: fui verdadeiramente obrigado a escrever este livro, viu? Minha família, minha comunidade eclesial, meus amigos, os profissionais que cuidam da minha saúde, meus leitores, meus seguidores nas redes sociais, todos eles me forçaram e encorajaram a fazê-lo. Não foi fácil encontrar tempo, pois preciso rezar e descansar muito; além disso, a todo instante algum profissional da saúde precisa realizar uma intervenção em mim.

Nestas páginas, ofereço a você a mais doce e refrescante limonada dos limoeiros do canteiro do meu coração e dos outros jardins que meu coração frequentou.

Tenho um motivo para viver: você! Preciso, portanto, suportar os meus limões. E ainda há quem pense que há vida sem luta.

Neste livro, trago as melhores receitas do meu viver, forjadas no cadinho do meu sofrer. Abri o livro de receitas do meu coração para você, só para você. Aproveite!

Sou o que sou pela limonada que fiz dos meus limões. A sabedoria popular diz que você é o que come, mas eu posso afirmar: você é o que é pelo que faz dos seus limões! E quem dos seus limões não faz nada, não vive, não se torna coisa alguma.

Pelos seus limões, você é um *guibor*!

"Não sou um guerreiro que combateu com armas terrestres, mas com a espada do Espírito, que é a Palavra de Deus." (Santa Teresinha do Menino Jesus)

"O que é, então, um ser humano? É o ser que sempre decide o que ele é. É o ser que inventou as câmaras de gás; mas é também aquele ser que entrou nas câmaras de gás, ereto, com uma oração nos lábios." (Viktor Frankl)

Ganhei um presente do meu padrinho, Padre Marcelo Rossi: um escapulário *guibores* igualzinho ao dele! Nossa, como gostei! Você com certeza já o viu usando esse escapulário. Foi uma resposta de Deus para mim, para minha oração e para meu sofrimento. O Padre Marcelo soube trabalhar bem os seus limões. Quantas limonadas fora do comum ele tem apresentado a nós e ao mundo!

O Padre Marcelo Rossi é meu padrinho de oração. Ele, dona Vilma (sua mãe e também uma de minhas mães espirituais), sua irmã Marta e toda a sua família me assumiram, há tempos, em orações, jejuns e súplicas. A equipe do Padre Marcelo também reza dia e noite por mim.

Na capa deste livro, estou com o escapulário *guibores* que ganhei do Padre Marcelo; veja que foto mais linda meus filhos André Somensari e Camille Prince fizeram de mim!

O que é um escapulário? É um pedaço de pano sagrado com o qual nos vestimos; seu nome vem do latim *scapulae*, que quer dizer "ombros" – que são envolvidos pelo escapulário. O mais conhecido no mundo inteiro é o de Nossa Senhora do Carmo, que foi usado por muitos de nós, como São João Paulo II, e que nos foi dado pela própria Virgem Maria quando ela o entregou a São Simão Stock. O escapulário representa a pertença a Nossa Senhora e o serviço – pois é um avental de trabalho! – aos irmãos.

No século XIII, Nossa Senhora do Carmo entregou seu escapulário ao superior da Ordem dos Carmelitas – o padre e frade inglês São Simão Stock – em um momento delicado dessa família religiosa. A mim, o Padre Marcelo Rossi, por mercê divina e cuidado mariano, entregou o escapulário *guibores*, em 2019, também em um momento dramático da minha vida: a piora da enfermidade que tenho.

São João Paulo II é o autor da Teologia do Corpo; eu, da "teologia dos limões".

Está escrito no escapulário que ganhei do Padre Marcelo: *guibores*. Esse é o plural aportuguesado de *guibor*, que em hebraico (וֹדִיּכ) significa "temível guerreiro", "poderoso guerreiro", "valente guerreiro"; na Bíblia de Jerusalém, a tradução para *guibor* é "homem de guerra". O cantor e missionário Dunga, que muito me ama e ajuda, me explicou: "guerreiro de elite". Em uma palavra, GUERREIRO.

Eu só posso louvar a Deus e agradecer a você. Com a graça d'Ele e suas orações, doações, torcida e generosidade, Deus tem feito de mim um guerreiro, um valente guerreiro. Quem tem uma doença raríssima e devastadora como a minha só pode mesmo ser um guerreiro de elite!

Muita gente me manda cartinhas me chamando de guerreiro; também leio muitos comentários na internet – muitos mesmo! – dizendo que sou um guerreiro. Aliás, foi o povo de Deus quem pediu que eu escrevesse este livro dando meu testemunho e contando da minha luta diária para vencer a enfermidade com um sorriso no rosto. Meus irmãos no sacerdócio, assim como os médicos, constantemente também me animam, me lembrando de que sou um guerreiro. Sempre ouvi essa palavra acerca dos procedimentos invasivos feitos em mim, estando eu acordado, quando, na maioria dos pacientes, são feitos com eles sedados.

Humildemente reconheço que, pela graça de Deus, sou uma inspiração. Não é que o esforço seja todo meu: tenho pouca força física, mas tenho muita força espiritual. O que sou e faço, faço e sou pela força de Deus na minha vida. Vou ser franco: sou fraco! Apenas busco concordar com o querer divino e aderir a ele.

Aliás, também tenho minhas inspirações na luta contra doenças raras, câncer, doenças crônicas e síndromes genéticas. Posso citar a psicóloga Leila Guedes, a jovem Sophia Ferreira (já no céu, sem sentir a falta de uma das pernas que foi amputada), os garotinhos Super Chico Bombini, Lukinhas Costa e Emanuel Medeiros (que tinha um coração pela metade e já está no céu, com o coração inteiro), o tapioqueiro Ulisses da Ambulância e a missionária Jolina Pedreira, da Canção Nova (que também já está no céu).

Se Tertuliano, nos primórdios da Igreja, afirmava que "o sangue dos mártires é a semente dos cristãos", posso acrescentar que não só a morte, mas também a vida dos cristãos é a semente dos cristãos.

Nossa vida só faz sentido se fazemos dela um testemunho do Senhor. Testemunho, em grego, é *martýrion*; daí vem a palavra martírio, ser mártir. Nossa vida precisa falar de Jesus. "Evangelize o tempo todo. Se necessário, com palavras", pediu São Francisco de Assis.

Em 2021, provei amargamente desse limão. Somando todos os dias que fiquei sem voz, foram nove meses! Ainda hoje, minha voz, quando posso usá-la, só sai em alguns momentos do dia, graças à válvula de fala e à cânula fenestrada que eu acoplo à minha traqueostomia.

Minha vida não tem sido nada fácil, mas sei que a sua também não é. Por isso, dia e noite rezo ao Senhor para que você também seja um *guibor*, um valente guerreiro, uma valente guerreira.

Já que sofrer é inerente à nossa condição adâmica, é mister que soframos em duas vertentes: a resignação e a ressignificação.

Resignar-se é aceitar, em paz e com amor, o que a vida nos apresenta. Mas isso não significa se acomodar. Trata-se de uma aceitação de fé. Uma alma resignada é aquela que tem uma "paz inquieta", para usar uma expressão que amo muito do grande catequista Padre Zezinho, SCJ. Uma pessoa resignada é um *guibor*. A paz é inquieta porque, como ensinou o Beato Carlos da Áustria, é necessário "reconhecer, em tudo, a vontade de Deus e segui-la da maneira mais perfeita".

Ressignificar é dar um novo significado aos fatos dolorosos da vida. Ressignificar as próprias dores é uma arte dos *guibores*. Ressignificar o próprio sofrimento com um sorriso é uma estratégia dos *guibores*. Você pode, por favor, abrir um sorriso agora? Você pode ser mais guerreiro do que imagina!

Quero contar algo para você: mesmo enfermo, eu sou guerreiro. Aprendi a dizer isso com o nosso amado monsenhor Jonas Abib. Está na Palavra: "Os vossos arados, transformai-os em espadas, e as vossas foices, em lanças! Mesmo o enfermo diga: 'Eu sou guerreiro!'" (Jl 4,10). Como Santa Teresinha, eu combato com a Palavra de Deus.

Você já reparou que o Padre Marcelo Rossi está sempre sorrindo? De olhos abertos ou fechados, ele está sorrindo. Fala sorrindo, celebra a Santa Missa sorrindo. Passou pelo "batismo de fogo" sorrindo e, depois dele, sorri mais ainda. Sim, mesmo após ser empurrado de um palco com uma altura de mais de dois metros e em meio às dores mais fortes que ele já sentiu, ele continuou sorrindo. Ele vive numa outra esfera, ele não vive neste mundo.

O Padre Marcelo sempre foi uma inspiração de fé e de superação, de batismo no Espírito e de vida sacerdotal e missionária para mim. Minha família e eu estivemos presentes nas suas primeiras missas, no auditório da cúria diocesana de Santo Amaro. Acompanhamos com muito carinho seu ministério. Exultamos de alegria no Senhor quando ele recebeu, do Papa Bento XVI, o Prêmio Van Thuan de "Evangelizador Moderno". E, claro, sofremos com o sofrimento dele.

O Padre Marcelo disse, ao receber o prêmio: "Que alegria saber que a Igreja Católica, através do santo padre de Roma, reconhece todo o trabalho que foi feito até agora. E como o próprio papa disse: 'Continue!'".

Eu também sou Batismo de Fogo! Eu também passei pelo batismo de fogo. Ou melhor, estou passando. Quanto mais sofro, mais sorrio. Quanto mais apanho, melhores pregações eu faço e livros eu escrevo. A madrinha Maria Gabriela de Oliveira Alves me diz, desde quando eu era seminarista, que sou como aquele bifinho que a mãe bate na beira da pia (você se lembra dessa cena?): quanto mais martelado, melhor! Mesmo em meio às mais terríveis dores, que não são controladas nem pela morfina e outros opioides, eu continuo sorrindo.

Meu sorriso sempre foi minha resposta aos meus caluniadores e perseguidores. Não era forçado; era – e ainda é – a graça de Deus em minha vida nos momentos mais difíceis. Meu sorriso nunca foi jocoso. Sempre foi, isso sim, uma pérola vertida em minha concha interior machucada por um grão de areia intruso.

Bom, aos meus ofensores dei o meu perdão faz tempo! Graças a Deus, sou muito rápido em perdoar. As pessoas dizem que eu prego a Palavra de Deus sorrindo, e é verdade. Amo sorrir. Quero viver sorrindo e também morrer sorrindo. Sorrir é um santo remédio para os limões que a vida nos dá! Nos meus restos, no caixão, você poderá reparar: estarei sorrindo!

Eu me lembro quando fui ameaçado de morte; eu tinha poucos meses de sacerdócio. Sorri para o meu algoz. Ele me proibiu de entrar na casa de Deus e eu sorri para ele. Vivi e vivo a perfeita alegria de São Francisco de Assis. Nosso "seráfico pai" foi deixado na neve e viu os portões do convento bem cerrados contra ele, indiferentes a ele. Eu escolhi o amor. "O amor", não se cansava de ensinar o dr. Viktor Frankl, "é a única maneira de capturar outro ser humano no mais íntimo de sua personalidade. Ninguém pode tomar consciência da essência de outro ser humano, a menos que o ame. Graças ao seu amor, ele pode ver características essenciais".

Hoje, mesmo quando tenho falta de ar, continuo sorrindo. Mesmo com as forças físicas esgotadas, continuo sorrindo. Mesmo sendo aspirado na traqueia, continuo sorrindo. Sei, verdadeiramente, que meu sorriso é uma graça de Deus – até mesmo porque sorrir, para mim, é algo milagroso, já que a enfermidade atinge todos os meus músculos, inclusive os da face. O rosto cai, o maxilar despenca, mordo a língua (que já é maior que o comum) e a bochecha. Minha face fica quase sem expressão; os músculos, coitadinhos, ficam fracos; mas a minha mente, essa jamais fica desnorteada. Glória a Deus!

Meu sorriso é uma das características da minha resiliência, da minha resignação e da minha ressignificação. Meu sorriso é uma das minhas armas de guerra. Meu sorriso é uma graça divina na minha vida de *guibor*, de guerreiro, de valente guerreiro, de guerreiro de elite.

Eu escolhi sorrir! É verdade que, de 2014 para cá, meu sorriso nem sempre esteve no meu rosto como eu gosto – e quando está, é por um milagre! Aliás, eu sou um verdadeiro milagre. Há quem me diga que está pedindo um milagre para mim: o restabelecimento da minha saúde. Agradeço e creio que o receberei, mas eu já sou um milagre! Ou melhor, uma coleção de muitos pequenos e grandes milagres.

Vou te contar um segredo: vez ou outra, também choro. Um pouquinho só, mas choro. Sou guerreiro, mas meu sangue não é de barata e meus nervos não são de aço. Mas mesmo chorando, eu sorrio! Aprendi com Dom Bosco: "A dor é minha, mas o rosto é para o irmão!".

É isto: o outro não tem culpa da minha dor e do meu sofrimento; e mesmo que o tenha, preciso dar o melhor de mim para ele e fazer o que eu gostaria que ele me fizesse. É a regra de ouro do Evangelho (Mt 7,12). Sorrir é divino, é terapêutico, é curativo e libertador!

Sorrir é algo tão divino que o venerável Papa João Paulo I, falecido em 28 de setembro de 1978, o papa que ficou só 33 dias na cátedra de Pedro, ficou conhecido para a posteridade como "o papa do sorriso".

Há até um programa na TV Canção Nova com este nome: Sorrindo pra Vida (amamos o canal de TV, amamos o programa, amamos a Comunidade Canção Nova). Pois bem, eu escolhi sorrir! Busco sorrir para a vida, para a minha enfermidade, para o que mais me faz sofrer, para quem me faz sofrer.

O sofrimento é meu, mas o meu rosto é para o irmão! Meu vizinho não tem culpa do amargor do meu limão. O mundo não tem culpa. Ninguém tem culpa do meu limão. Se sofro de um jeito, você sofre de outro. Não negar a acidez dos próprios limões é princípio de cura. Não minimizar o amargor do limão do vizinho é princípio de solidariedade e de libertação.

A arte de saber sorrir apesar dos limões

"Quando se pensa que, durante toda a eternidade, amar-se-á o bom Deus, por um sofrimento suportado com alegria! Ademais, sofrendo-se é possível salvar as almas." (Santa Teresinha do Menino Jesus)

"A saúde mental está baseada em certo grau de tensão, tensão entre aquilo que já se alcançou e aquilo que ainda se deveria alcançar, ou o hiato entre o que se é e o que se deveria ser." (Viktor Frankl)

Chamo de limões os desafios cotidianos, as cruzes e crises de cada dia; as dores e as fraquezas; as pelejas e os perrengues; as contrariedades e as contradições; as enfermidades e as tantas surpresas da vida; as dúvidas e as dívidas; o que nos faz sofrer, quem nos faz sofrer. Chamo de limões os sofrimentos pelos quais você e eu passamos, e que necessitam do nosso sorriso e superação, da nossa paciência e coragem, da nossa resiliência e ressignificação. Guilherme Arantes compôs – e Maria Bethânia interpretou magistralmente – "a arte de sorrir cada vez que o mundo diz não".

Benditos sejam os nossos limões de cada dia, que nos fazem crescer mesmo que não queiramos; que nos fazem vencer mesmo que não saibamos como. Tanto eu como você temos um limoeiro plantado no quintal da nossa alma. No meu caso, não é só um limão ou um limoeiro, não; é verdadeiramente um pomar, com muitos pés de limão. O meu limoeiro é a minha cama hospitalar, onde deito a minha cruz!

Um dos ditados de que mais gosto é precisamente este: "Se a vida te der um limão, faça uma limonada". Muita gente aplica esse velho ditado a mim, me chamando de *guibor*, de valente guerreiro. Isso muito me alegra! Louvores? Entrego-os todos ao Senhor! (Só espero que ninguém confunda, por favor, velho ditado com velho deitado.)

Meu amado neurologista, dr. Rubens Salomão, diz que eu tenho "uma boa reserva psíquica". Desejo o mesmo para você, afinal de contas, resolvi partilhar com você minha herança, não é mesmo? Uma herança que nada mais é do que a procura de uma autêntica vida em Jesus.

A limonada não é a minha bebida preferida, mas é o meu suco predileto! Estão à frente da limonada, na apreciação das minhas papilas gustativas: o *cappuccino* bem quente, que bebo em honra do Padre Pio, o mais amado capuchinho de todos os tempos; o *cappuccino* gelado (com sorvete); e a água de coco bem gelada – e benta, diga-se de passagem. E por falar no Padre Pio, abençoo você agora com uma relíquia dele, que trago aqui comigo: um pedacinho de lenço que foi embebido na chaga do seu coração. Uau!

"Padre Márlon, há um brilho no seu rosto. Sempre vejo uma luminosidade", algumas pessoas me dizem. Essa luz não é minha, é de Jesus! Tenho essa luz no rosto porque contemplo a face de Jesus dia e noite. Como Santa Teresinha, não consigo ficar mais que cinco minutos sem pensar em Jesus. Quando uma pessoa assiste muito a novelas, fica com cara de novela; quando assiste a cenas de violência, fica com cara de violência; quando assiste a filmes pornográficos, fica com rosto de pornografia. É isso!

O Papa Francisco afirmou, recentemente, que nós cristãos temos "a tentação de permanecer comodamente em nossas estruturas, em nossas casas, em nossas igrejas, nas seguranças que nos dão as tradições, na satisfação de um certo consenso, enquanto os templos ao nosso redor se esvaziam e Jesus é cada vez mais esquecido". Por mais cômoda que seja a minha cama, não me contento em ficar acomodado nela.

E continuou o Santo Padre: "Reflitamos. Quantas pessoas já não têm fome e sede de Deus! Não é que sejam más, não. Mas lhes falta alguém que lhes abra o apetite da fé e desperte essa sede que há no coração do homem, essa 'sede conatural, inesgotável' sobre a qual Dante Alighieri fala (Paraíso II, 19) e que a ditadura do consumismo, ditadura branda, porém sufocante, tenta extinguir".

Tenho fome, muita fome de Deus. Tenho sede, muita sede de Deus. E tenho muita fome e sede de despertar nas pessoas a fome e a sede do Deus vivo e verdadeiro. Quando criança, eu alimentava os peixinhos. Hoje, prego para multidões! A mamãe Carminha levava a mim e ao meu irmão, Paulo Gustavo, para dar de comer aos peixinhos no lago do Parque da Aclimação, bairro em que morávamos em São Paulo.

Morei na Aclimação desde minha infância até minha ida para o seminário, aos 20 anos. Lá frequentávamos a Paróquia Nossa Senhora dos Remédios. Fui batizado no Santuário de Nossa Senhora do Carmo, em Carmo da Mata, nossa cidade natal, em Minas Gerais, mas foi na Paróquia Nossa Senhora dos Remédios que fiz a primeira comunhão e a Crisma. Foi lá que comecei a tocar violão e guitarra nas missas e nos grupos de oração e, depois, em tardes de louvor, vigílias, experiências de oração, seminários de vida no Espírito Santo... e até em shows de evangelização!

Tive um conjunto musical. Meu irmão, Paulo Gustavo, chegou a cantar comigo. É, minha gente, também cantei na igreja, assim como o hoje advogado dr. Christiano Cassettari e, claro, as "meninas" Marilda Carvalho Gonçalves, Samantha Rodrigues, Irene Carvalho, Terezinha Trindade, Jurema Augusto e sua família, além de outros irmãos em Cristo. Cantávamos nos eventos da Região Sé, da Arquidiocese de São Paulo. Tínhamos um ministério de música inicialmente chamado "Maranatha" e, depois, "Quem como Deus?". Se antes eu alimentava peixes, mais tarde me tornei pescador de pessoas.

Hoje alimento almas e, com a graça de Deus – e com a ajuda de nossos missionários, funcionários e voluntários da Missão Sede Santos –, também o corpo de muita gente sofrida, por meio das obras de misericórdia, projetos sociais que o bom Deus nos confiou:

- nas três unidades da Casa João Paulo II e nos serviços na área da saúde (na Casa de Saúde Nossa Senhora dos Raros, nosso

hospital de atenção integral à pessoa com doença rara e sua família; e no Instituto Santa Teresa d'Ávila, comunidade terapêutica para tratamento de pessoas com dependência química);
- na assistência social (nas unidades do restaurante Bom Prato de Taubaté, São José dos Campos e Jacareí); e
- na educação (na Escola de Informática e Promoção Humana).

E, claro, há também iniciativas de evangelização como a Obra da Adoração Perpétua ao Santíssimo Sacramento, a Editora Missão Sede Santos, a Rede Maria (TV e rádio on-line *Maria, passa na frente!*) e as missões evangelizadoras pelo Brasil e pelo mundo. Buscamos, eu e os meus, fazer tudo isso com muita alegria, com a alegria cristã.

Minha gratidão à dedicadíssima filha Ana Paula Gonçalves, minha vice-presidente na Missão Sede Santos, tão fiel e generosa desde o início da obra. Ela tem sustentado o nosso Carisma e tem sido fundamental no meu tempo de enfermidade. Agradeço também aos outros membros de nossa diretoria, pelo igual testemunho de alegria, entrega e fidelidade à inspiração original e atual da Missão Sede Santos e a mim. Minha profunda gratidão pelo fato de, comigo, sentirem com Cristo e com a Igreja: Leila Guedes, Fernando Oliveira de Jesus, José Carlos Cursino, Milton Mendonça, diácono José Rodrigues e meus pais, Múcio Silveira e Carminha Corrêa. Por fim, *in memoriam*, intercedendo por nós, o saudoso e amado Marcos Dias.

"O cristão", ressaltou o Santo Padre, "deve ser sempre testemunha de alegria; por isso, nunca pode ter cara de velório. Não é alegria de uma festa; é uma alegria que vem de dentro e nos convida, como Igreja, a encontrar o júbilo que nos oferece a redenção do Senhor". Não me alegro com a minha doença, mas com a redenção que ela traz a mim e a tantos outros.

Fico pensando: como é triste não saber sorrir, como é triste não sorrir nunca! Santa Teresa de Calcutá ensinou que ninguém que passa pela nossa vida deve ir embora sem antes se tornar melhor. Não posso deixar que leia as páginas deste livro sem que se torne melhor. Por isso, escrevo para você e oro por você.

Madre Teresa de Calcutá, "a santa das sarjetas" (onde vivia à cata de Jesus presente em cada estropiado), disse ainda: "A paz começa com um sorriso". Ela aprendeu a arte do sorriso com Santa Teresinha do Menino Jesus. Agnes de batismo, ela passou a se chamar Teresa em homenagem à Santa Teresinha. A Santinha das Rosas me ensinou a arte do sorriso mesmo em meio à dor e ao sofrimento, às humilhações e às contrariedades do dia a dia, dentro de sua casa e até no convento!

Alguns versos do grande sambista Cartola também me inspiram:

"A sorrir eu pretendo levar a vida
(...)
Finda a tempestade
O sol nascerá"

Escolhi sorrir porque escolhi viver. Escolhi lutar pela vida: a minha e a sua. A vida é uma luta. Uma luta contra forças visíveis e invisíveis. Minha luta contra uma doença rara não é nada quando comparada à luta que eu e você travamos o tempo todo contra os espíritos maus espalhados nos ares (Ef 6,12). Vivemos no combate da oração, no combate pela vida nova de cristãos, no combate pelo céu. Isso é ser um *guibor*, isso é ser um guerreiro.

O apóstolo São Paulo, de quem Santa Teresinha era devotíssima (ela descobriu sua vocação de ser "o amor na Igreja" ao ler uma das cartas dele), testemunhou: "Assim, eu corro, mas não sem rumo certo. Dou golpes, mas não no ar" (1Cor 9,26). Isso se chama combate espiritual. (Catecismo da Igreja Católica, 2.725)

O Padre Marcelo Rossi e eu somos devotíssimos de Santa Teresinha! A norte-americana Patti Mansfield, minha madrinha espiritual, diretora espiritual do Padre Marcelo e pioneira da Renovação Carismática Católica no mundo, também é teresiana. Ela nos ensinou a pedir: "*Little Flower, in this hour, show your power!*" [Pequena Flor, nesta hora, mostra teu poder!].

Nossa santinha também se considerava uma *guibor*, uma valente guerreira, mas não à moda deste nosso mundo: "Não sou um guerreiro que combateu com armas terrestres, mas com a espada do Espírito que é a Palavra de Deus". Santa Teresinha é daqueles santos que não somos nós que os escolhemos como companheiros de viagem: eles é que nos adotam. Nessa esteira, encontramos Santa Teresinha, São Pio, Santa Rita e alguns santos de tempos bem atuais, como o Beato Carlos Acutis.

Saber contra quem se luta significa não desperdiçar forças no ringue desta vida, não desperdiçar munição nas guerras desta vida. Saber que você e eu somos chamados para ser *guibores*, guerreiros, significa não desperdiçar os limões que a vida nos dá. Pelos seus limões, você pode ser um guerreiro!

A vida tem me dado muitos limões. Matéria-prima para as minhas limonadas é o que não falta. Não preciso nem mesmo importar limões de outros pomares ou fazendas. Tenho limoeiros suficientes nos canteiros da minha alma, no quintal da minha vida.

Mas a vida também tem dado muitos limões a você. Não há quem não tenha limões. Porém, há quem não faça limonada. Há quem desperdice seu sofrimento, quem sofra em vão, quem chore sem dar sentido às suas lágrimas. Há quem se torne mais amargo que os seus próprios limões. Você também pode ter um coração místico, porque sofrer... ah, sofrer é mistério; sofrer é cura!

Antes de o Padre Marcelo Rossi, meu padrinho, me chamar de *guibor*, minha amada irmã Maria Eunice, da Canção Nova, já insistia que eu era um *guibor*. Com toda a humildade, o tempo foi passando e agora só posso dizer: Deus tem, de fato, feito de mim um *guibor*. Hoje o Senhor se vale de mim para que você se convença e vença: você também é um *guibor*!

Olhe para trás e veja de quantas adversidades Deus já livrou você. Acredite que Deus já poupou você de muitas. Você talvez nem tenha percebido, mas já tomou muitas e boas limonadas, mesmo salgadas de lágrimas e em meio a algum desespero. Se a vida te der um limão, o que fazer? Uma limonada, ou uma musse, ou ainda uma torta de limão. Só não faça, pelo amor de Deus, cara de limão azedo. Sorria! Amém? O desafio da limonada é melhor que a estabilidade dos limões.

"A vitória alcançada por Cristo sobre o pecado trouxe-nos bens superiores àqueles que o pecado nos tinha tirado: 'Onde abundou o pecado, superabundou a graça' (Rm 5,20)." (Catecismo da Igreja Católica, 420)

Pelos seus limões, em Jesus você é um *guibor*: um guerreiro de elite, uma valente guerreira. Acredite nisso! A limonada é um bem maior que o limão. Onde avultou o desafio, pode superabundar a superação.

Os limões são sagrados

"A vida é plena de sacrifícios. É verdade. Mas que felicidade!" (Santa Teresinha do Menino Jesus)

"Se há um sentido em tudo na vida, então deve haver um sentido no sofrimento. O sofrimento é uma parte indelével da vida, mesmo que o destino seja a morte. Sem sofrimento e morte a vida humana não pode ser completa." (Viktor Frankl)

Não chore em vão. Não sofra em vão. Se de sacrifícios a vida de todos nós é feita, o que você acha de oferecer ao bom Deus, por meio de Nossa Senhora, os sacrifícios que a vida já te dá? O que acha de os oferecer por causas nobres, pessoais e familiares, eclesiais e humanitárias? Você pode sofrer por um propósito. Sofrer, todo mundo sofre. O que falta é sentido no sofrer. Isso é viver!

Com fé, podemos aplicar estas palavras de Santa Teresinha a mim e a você. Creio nisto: "As tribulações a que o Senhor o sujeitou e o sujeitará são todas indicações do amor divino e são joias para a alma. O inverno passará e a primavera virá. Quanto mais fortes forem as tempestades do inverno, tanto mais ricas serão as belezas da primavera". E também: "Você não terá dificuldade em amar a cruz e as lágrims de Jesus, se pensar, muitas vezes, nesta palavra: 'Ele me amou e se entregou por mim!' (Gl 2,20)".

Você já parou para pensar que há pessoas que rezam e fazem sacrifícios para você se salvar e que sofrem para você não sofrer? Que tal você também fazer isso em favor de alguém? Na verdade, quem ama de verdade sofre... e não se furta ao sofrer: sofrer por algumas causas, por algumas pessoas, por algumas situações. Foi o que o Santo Espírito de Deus me ensinou. Sofrer sem murmurar, sofrer amando, sofrer rezando, sofrer sem desperdiçar o sofrimento. Sofrer sorrindo. Sofrer com propósito!

Você pode oferecer dores, incômodos, humilhações, privações, provações, trabalhos e o fruto deles, calor ou frio, cansaço. Pode até mesmo abrir mão do que é justo: um copo de água quando está com sede, não comer tudo de que tem vontade, suportar com paciência o jeito de uma pessoa difícil.

Você pode oferecer tudo a Deus por causas nobres: a reparação dos seus pecados, a conversão da sua família, a saúde de alguém, a paz no seu lar, o emprego que você ou alguém busca, a libertação de um vício, as intenções do Santo Padre, o papa, a santificação do clero, nossa nação (povo e governo), a paz no mundo, o fim de uma guerra e uma pandemia, as almas do purgatório...

Você pode se santificar fazendo bem o seu trabalho, seja ele qual for – limpar a casa, cuidar dos filhos, dirigir uma grande empresa, ensinar uma lição na escola – e oferecendo o fruto do seu trabalho pelo que gosto de chamar de "causas nobres". Santa Teresinha do Menino Jesus pedia: "Façamos da nossa vida um sacrifício contínuo". O monsenhor Jonas Abib nos ensina a viver o "trabalho santificado", e São Josemaría Escrivá a "buscar a santidade de vida no trabalho cotidiano". Repare que os santos nos ensinam a mesma coisa, cada qual com uma palavra. Todos eles tornaram-se santos pelos limões que tiveram.

Na Missão Sede Santos, nossa Nova Comunidade, procuramos fazer um uso santo das 24 horas do dia e nos santificar em todas as atividades, mesmo as mais triviais. Para cada hora, do dia e da noite, há uma intenção já prevista (além de outras que surgem) pela qual todos nós, missionários consagrados em nossa comunidade eclesial, rezamos, trabalhamos e nos sacrificamos. Você também pode fazer isso com o que a vida te dá.

Ora, já que todos sofremos, que soframos por causas nobres! Amém? Nada, então, de ficar de cara amarrada, dizer palavrão, murmurar, blasfemar contra Deus, praguejar ou injuriar alguém. Com carinha boa, em oração, ofereçamos tudo ao bom Jesus, por meio de Nossa Senhora e de São José.

Que cada lágrima que pela nossa face rolar seja uma prece a subir a Deus. Cada calo, nódulo, tumor, ferida, dor, tudo seja oferecido ao Senhor. Uma lágrima de pai e mãe derramada pelos filhos é água-benta. Em cada azedume de cada limão, uma busca amorosa de Deus.

A palavra sacrifício é a junção de outras duas: sagrado e ofício. O significado, então, é sagrado trabalho, ou seja, tornar sagrado o que se faz. Geralmente, temos uma ideia muito negativa dos sacrifícios: "Ah, tive de fazer um baita sacrifício para me formar na faculdade", "Aquele emprego foi um grande sacrifício", "Fiz muito sacrifício para conviver com tal pessoa".

Tornemos, pois, cada coisa sagrada, fazendo-a com Deus e para Deus, para a nossa santificação e para a santificação de todos. Torne sagrados os seus limões de cada dia. Se é verdade que "uma alma que se eleva, eleva o mundo", quando você sofre por amor e com amor, seu sacrifício te faz um indizível bem e eleva o mundo de patamar.

"Portanto, quer comais, quer bebais ou façais qualquer outra coisa, fazei tudo para a glória de Deus", exortou-nos o apóstolo São Paulo em sua primeira Carta aos Coríntios (1Cor 10,31). Já escrevendo aos colossenses, o apóstolo também nos pediu: "Tudo o que fizerdes, fazei-o de bom coração, como para o Senhor e não para os homens" (Cl 3,23). De novo, aos coríntios e a cada um de nós: "Mesmo que eu tivesse o dom da profecia, e conhecesse todos os mistérios e toda a ciência; mesmo que tivesse toda a fé, a ponto de transportar montanhas, se não tiver caridade, não sou nada. Ainda que distribuísse todos os meus bens em sustento dos pobres, e ainda que entregasse o meu corpo para ser queimado, se não tiver caridade, de nada valeria!" (1Cor 13,2-3).

Qual é o seu programa de vida? A vida é curta? Não tenho dúvida. Se muito, chegaremos a 80, 90, 100 anos – embora "a maior parte seja sofrimento e vaidade", como disse o rei Davi (Sl 89,10). E mesmo que sejamos tão longevos, a vida é bastante curta quando comparada à eternidade que nos espera: para sempre com Deus (no céu) ou para sempre sem Deus (no inferno). "A vida é curta, curta a vida!" A gente só não pode curtir a vida de maneira errônea e desenfreada, tal qual ovelha sem pastor, errante por este mundo. Tomo emprestadas as palavras do meu grande amiguinho do céu, o Beato Carlo Acutis: "Estar sempre unido a Jesus. Esse é o meu programa de vida!".

A beata Alexandrina de Balasar, grande mística portuguesa, que entrou no céu em 1943, resumia seu programa de vida em: "sofrer, amar e reparar". Santa Teresinha do Menino Jesus, de quem a beata Alexandrina era bastante devota, dizia: "Não recusemos ao bom Deus nenhum sacrifício, o menor sacrifício". O Anjo de Portugal disse aos três pastorinhos que sempre é possível oferecer a Deus algum pequeno sacrifício.

Entre o fim do século XIX e o começo do século XX, viveu a serva de Deus Elisabeth Leseur, uma leiga parisiense de extraordinária vida mística. Elisabeth, por meio dos seus sacrifícios, ajudou muita gente que foi pedir ajuda a ela. Sua preocupação? A salvação das almas. Foi com seus sacrifícios que ela, pela graça de Deus, conseguiu a conversão do seu marido Félix Leseur.

Félix era um médico brilhante. No entanto, ateu e inimigo ferrenho da Igreja Católica. Por isso, Deus permitiu que Elisabeth sofresse muito. Ela, por sua vez, entregou tudo ao Senhor para o bem da Igreja, das almas e do seu marido. E a conversão de Félix aconteceu!

Após a morte de Elisabeth, em 1914, Félix leu o diário de Elisabeth e se converteu com tudo o que viu que a sua esposa, no segredo do coração, fazia pela conversão dele. Félix chegou até a ingressar no convento dos dominicanos e foi ordenado sacerdote.

Alguns pensamentos de ouro de Elisabeth Leseur podem iluminar nossa vida de sofrimento. Fiquei verdadeiramente impressionado com a maturidade espiritual dela:

"Não quero mais arrastar minhas numerosas enfermidades, mas carregá-las com a alma alegre, unindo-as à cruz do doce Salvador."

"O sofrimento aceito e oferecido constitui a oração por excelência."

"Amar por aqueles que odeiam. Sofrer por aqueles que gozam. Dar-se por aqueles que se poupam."

"Sejamos como a vela, que consome sua própria substância para dar luz e calor aos que a cercam."

"Elevando a minha alma e cumprindo o meu dever, posso, segundo uma palavra que admiro, elevar o nível da humanidade, pois toda alma que se eleva, eleva o mundo."

Tenha certeza disto: cada limão que você colhe, ou que cai do pé, é um limão que foi permitido por Deus. Nem sempre o bom Deus o quis, mas Ele o permitiu. O que você sofre – acredite! – faz Deus sofrer mais do que você, mas muitas vezes o Senhor se violenta por conta daquilo que violenta você. Deus não nos manda sofrimentos, mas, por vezes, Ele os permite. Como é que se diz? Se não vamos a Deus pelo amor, vamos pela... dor!

Os limões não são o querer do Senhor, mas a permissão d'Ele. Logo, são sagrados. Ora, você sabe a diferença entre querer e permitir, não é mesmo? Por vezes, pai e mãe não querem algo para os seus filhos, não querem que eles vão em certo lugar, que façam certa coisa, que andem com determinada companhia, mas, em dado momento, diante de tamanha insistência deles, os pais o permitem. Há uma grande distância entre querer e permitir. E os limões são permissão de Deus para o nosso crescimento. Fazendo-nos guerreiros, Deus faz o mundo melhor, interrompe muitas guerras insanas e até mesmo poupa o mundo de tantas outras. Quando você muda, o mundo muda. Sua rua muda, sua família muda, sua comunidade muda. Uma alma que se eleva, eleva o mundo.

Os limões são para o seu crescimento

"Tinha sede de sofrer!" (Santa Teresinha do Menino Jesus)

"Cada vez mais as pessoas têm os meios para viver, mas não têm uma razão pela qual viver." (Viktor Frankl)

"Eu percebi que tudo é um presente, até mesmo uma doença, porque se você viver de uma forma melhor, a doença pode realmente ajudar você a crescer", escreveu a seu esposo Carlo a venerável Maria Cristina Cella Mocellin. Ela e outra santa, Gianna Beretta Molla, preferiram dar a própria vida a abortar seu bebê quando se viram enfermas e necessitadas de um severo tratamento de saúde.

Um dos pontos altos da mensagem de Fátima é o oferecimento dos sofrimentos pela conversão dos pecadores. Disso fala-se muito pouco, infelizmente. Nossa Senhora pediu não somente a oração diária do rosário (que muita gente sabe que ela pediu, mas nem sempre reza!), mas também o oferecimento dos sofrimentos, a conversão de vida, a comunhão reparadora no primeiro sábado de cinco meses seguidos e a consagração ao seu Imaculado Coração.

Em 13 de maio de 1917, na Cova da Iria, a "senhora vestida de branco e mais brilhante do que o sol" começa o seu diálogo com a humanidade, por meio de três pastorinhos.

Naquela primeira conversa, Nossa Senhora perguntou: "Quereis oferecer-vos a Deus para suportar todos os sofrimentos que Ele quiser vos enviar, em ato de reparação pelos pecados com que Ele é ofendido e de súplica pela conversão dos pecadores?". "Sim, queremos." "Ides, pois, ter muito que sofrer, mas a graça de Deus será o vosso conforto."

No mês seguinte, ou seja, no dia 13 de junho, Nossa Senhora, após dizer que bem cedo levaria Francisco e Jacinta consigo, Lúcia se amedrontou e perguntou se ficaria sozinha. A Virgem Santíssima assegura a ela: "Não, filha. E tu sofres muito? Não desanimes. Eu nunca te deixarei. O meu Imaculado Coração será o teu refúgio e o caminho que te conduzirá até Deus".

O teor da terceira aparição, em 13 de julho, é muito denso. Quero, agora, apenas destacar estas palavras e oração que Nossa Senhora de Fátima nos ensinou, ditando-a aos pastorinhos: "Sacrificai-vos pelos pecadores e dizei muitas vezes e em especial quando fizerdes algum sacrifício: 'Ó, Jesus, é por vosso amor, pela conversão dos pecadores e em reparação pelos pecados cometidos contra o Imaculado Coração de Maria'".

Gente do céu, menos "mimimi" e mais ave-maria. Menos "mimimi" e mais sacrifício. Menos limões desperdiçados e mais limonada! Amém?

Eu me lembro de Santa Teresinha falando dos sacrifícios: "Muitas almas dizem: 'Não tenho forças para cumprir tal sacrifício'. Que elas façam, então, o que eu fiz: um grande esforço. O bom Deus jamais recusa essa primeira graça que dá a coragem de agir. Depois disso, o coração se fortifica e vai-se de vitória em vitória".

Um dos meus grandes amigos e inspiradores é o Cardeal Van Thuan, que cresceu com sua mãe contando a ele histórias de Santa Teresinha. Ele ficou no cárcere por treze anos, dos quais nove totalmente na solitária. Não cometeu nenhum crime, não. Foi preso porque foi considerado um perigo para o regime comunista do seu país, o Vietnã. Entrou no céu em 2002 e está em processo de beatificação, já tendo recebido o título de "venerável".

No dia em que foi conduzido pelos soldados ao cárcere, Dom Van Thuan pensou: "Tenho duas opções: viver o momento presente ou ficar esperando que alguma coisa de bom aconteça". Ele escolheu a primeira opção, como Santa Teresinha, e explicou: "É no presente que se inicia a aventura da nossa esperança. Este é o único tempo que temos nas nossas mãos. O passado é já passado; o futuro, não sabemos se nos será concedido. A nossa riqueza é o presente. Viver o presente é a regra dos nossos tempos. No meio do ritmo frenético da nossa época, é necessário parar no momento presente e inserir, desde já, a nossa vida terrena no curso da vida eterna".

O Cardeal Van Thuan teve de escolher entre Deus e as obras de Deus. Ele escolheu a Deus, já que as obras de Deus tinham sido dramaticamente tiradas dele. Quando uma pessoa está enferma – e sobretudo se era muito ativa –, ela também tem, muitas vezes, de escolher Deus em detrimento das obras de Deus, Deus em detrimento de outras pessoas, Deus em detrimento do mundo.

Há um belíssimo quadro do Cardeal Van Thuan do lado da minha cama. Nele, Van Thuan tem umas gotinhas de vinho em uma das mãos e um farelinho de pão na outra. Suas mãos eram o seu altar na prisão, e lá ele não deixava de celebrar toda noite a Santa Missa. Na cela, vinham do céu ajudá-lo na missa o Padre Pio e o cura d'Ars. Uau! Pois não é de hoje que ele me ajuda em cada Eucaristia aqui na cela do meu quarto, assim como os outros dois e também os meus coroinhas Fê (Felippe Soléo) e Emanuel Medeiros, grandes milagres de Deus que me acodem do céu e me ajudam a celebrar direitinho a Santa Missa. Do céu também me acode o "Leão de Palmares", Dom Henrique Soares da Costa.

Estas palavras do gigante Van Thuan têm mexido muito comigo: "Segue lealmente um único chefe: Jesus Cristo e os seus representantes: o Santo Padre e os bispos, sucessores dos apóstolos. Vive e morre pela Igreja, como fez Cristo. Não penses que é só o morrer pela Igreja que exige sacrifício: também o viver pela Igreja o requer em alto grau".

Precisamos viver – e sofrer – por causas nobres, pela salvação da nossa alma e das almas alheias, sejam elas de pessoas conhecidas ou não, boas ou não. O Cardeal Van Thuan ensinou que é um ato agradável ao bom Deus não apenas morrer por alguém ou uma causa, mas também viver por uma pessoa ou situação.

Há quem viva, por bem pouco, uma vida sem sentido, e também quem morra por bem pouco, sem que sua morte tenha qualquer valor.

Você e eu podemos viver e morrer fazendo sacrifícios, ou seja, tornando sagrado nosso viver e nosso morrer. Esse é verdadeiramente o heroísmo que Deus espera de cada um de nós. A vida não é um gozar tudo e gozar de tudo, é um sofrer em tudo!

Tenho buscado oferecer o meu pequenino calvário pelo papa, pela santificação da Igreja e dos padres e por outras causas nobres – inclusive por você, amém? E assim vou seguindo, com alegria e fé, sofrendo e sorrindo.

Antigamente se falava em ramalhete espiritual. Eu ainda falo! O que é um ramalhete espiritual? É a "coleção" de alguns atos de fé e piedade em favor de alguém.

Vou dar um exemplo: você pode oferecer, pela melhoria de uma pessoa que está enferma ou pela conversão de uma pessoa que está em pecado, uma missa, três comunhões, um rosário, quinze minutos de adoração eucarística e vinte jaculatórias.

Jaculatórias são aquelas orações curtinhas que alcançam em cheio o coração de Deus, como "Jesus, eu confio em Vós", "Jesus, Maria e José, a minha família vossa é!", "Jesus, manso e humilde de coração, fazei o meu coração semelhante ao vosso", "Maria, passa à frente!". Esses atos geralmente são escritos em um papelzinho que é entregue à pessoa por quem você rezou. Você também pode fazer tudo isso em segredo, sem revelá-lo à pessoa agraciada, mas saiba que contar o que você fez pode dar muita força e ânimo a ela.

Já ouviu a música que diz "fica sempre um pouco de perfume nas mãos que oferecem rosas"? O bonito do ramalhete espiritual é que saem favorecidos quem ganha o ramalhete e também quem o oferece; a pessoa por quem se rezou e a pessoa que rezou…

Você pode, assim como Elisabeth Leseur, oferecer sacrifícios – isto é, tornar sagrados o seu sofrer, as humilhações pelas quais você passa, as suas dores, o que te falta e o que quer roubar a sua paz – pela conversão do seu marido ou da sua esposa, para que seus filhos trilhem o caminho de Deus e se salvem, para que uma pessoa querida vença um vício…

Sempre que acontece um dissabor, digo aqui em casa e também em nossa comunidade e aos meus filhos espirituais: "Ofereça tudo a Jesus.

Não desperdice o seu sofrimento. Sofra por uma causa nobre!". Gosto sempre de animá-los, dizendo também: "O céu é logo!", "Coragem!", "A vida é tão curta, para que desperdiçar o sofrimento?". O monsenhor Jonas Abib gosta de exortar: "Aguente firme, meu filho!".

Bom, você também pode – e deve – fazer isso pelo Santo Padre, o papa, pelo seu bispo e pároco, pelos governantes nas mais diversas instâncias de poder, pela sua família, pelos seus amigos, pelas pessoas que sofrem no corpo e na alma, pelos pecadores, pelos imigrantes e refugiados, pelos cristãos perseguidos, para que haja um só rebanho e um só Pastor, por aqueles que você vê sofrendo quando assiste ao noticiário...

Não fazer mau uso dos limões da vida é também amar a sua vida, é também amar sua família, é também amar o mundo. O limão da vida é sagrado!

Agora, me conte: você aguenta ver a sua mãe chorar? Fico quase doido quando vejo minha mãe chorando. Depois de querer saber o que aconteceu, logo pergunto, a ela e a mim, se o culpado fui eu. Imagine, agora, quando a mãe é a do céu, a de todos nós.

Você já ouviu falar de Nossa Senhora da Salette? Dentre as imagens da Virgem Maria, naquela aparição a que mais me chama a atenção é esta: ela assentada, com os cotovelos sobre os joelhos e tapando o seu rosto inundado em lágrimas. Isso me corta o coração! Foi assim que ela apareceu como "a reconciliadora dos pecadores" na montanha de La Salette, no sul da França, em 19 de setembro de 1846.

Disse a "Bela Senhora" a todos nós, por meio de dois jovens pastorinhos, sobre os pedidos d'Ela e de Jesus: "Vejo-me forçada a deixar cair o braço de meu Filho. É tão forte e tão pesado que não posso mais segurar. Há tanto tempo que sofro por vós". E quem está disposto a sofrer por causa de Jesus e de Maria? Disposto a sofrer pela conversão de uma alma, da humanidade?

São João Paulo II chamou a mensagem de Nossa Senhora da Salette de "o coração das profecias de Maria". A mensagem fala do mal moral da humanidade, inclusive por parte dos sacerdotes. Isso não deve nos levar ao julgamento de ninguém, mas à mudança de vida de todos nós e à oração pelos padres e por todo o clero.

Gente, a vida que levamos, as opções que fazemos, as nossas obras e as nossas posturas no dia a dia são a causa da crucificação de Nosso Senhor e das lágrimas de Nossa Senhora, ou da alegria de ambos, e da nossa condenação ou salvação! O tempo passa, e vemos que as pessoas perderam a noção do pecado, o pudor, a vergonha. Não vou deixar a minha Mãe continuar nesse choro incontido. Você vai?

Fazer bom uso dos limões rotineiros é uma prova de amor não apenas a si mesmo, mas também ao Senhor, que sempre quer o melhor para nós, aqui e na eternidade, nos prados celestes.

"Deixada para os nossos combates, a concupiscência não pode fazer mal àqueles que, não consentindo nela, resistem corajosamente pela graça de Cristo. Bem pelo contrário, 'aquele que tiver combatido segundo as regras será coroado' (2Tm 2,5)." (Catecismo da Igreja Católica, 1.264)

Um desenho de que eu gostava demais, quando criança, era O Marinheiro Popeye. Ele dizia: "Sou forte até o fim, com espinafre para mim". Quanto a mim, digo: "Sou forte até o fim, com limões para mim". É com os meus limões – e por causa deles – que ganharei o céu. E você também: ou você ganha o céu com os seus limões, ou o perde. Nossos limões são sagrados; eles nos fazem bons atletas, os atletas que Jesus espera que sejamos; eles nos tornam *guibores*, os valentes guerreiros.

Os limões que o capeta dá

"Não creiamos poder amar sem sofrer, sem sofrer muito... nossa pobre natureza é assim e ela não é assim por nada! É nossa riqueza, nosso ganha-pão." (Santa Teresinha do Menino Jesus)

"Se percebemos que a vida realmente tem um sentido, percebemos também que somos úteis uns aos outros. Ser um ser humano é trabalhar por algo além de si mesmo." (Viktor Frankl)

Sou cronista, pela força da graça de Deus. Sou cronista, pela força da fraqueza que minha enfermidade ultrarrara me traz. Mas não me contento em fazer crônicas sobre uma doença crônica. Minhas crônicas são sobre como estou vencendo uma doença crônica, e elas nascem a partir dela. Faço crônicas sobre como viver no dia a dia a despeito daquilo que o dia a dia nos causa de saia justa, de beco sem saída e de mato sem cachorro.

Os personagens de minhas crônicas não são fantasiosos ou fantásticos. Não escrevo sobre as fantasias ou devaneios dos personagens. Você já percebeu que trato da minha luta, mas também da sua. Minhas crônicas não são as de Nárnia (belas e carregadas de metáforas cristãs); são crônicas de mim – e dos meus melhores amigos, os santos.

Você sabe que amo os santos de Deus: "Quão admirável tornou Deus o meu afeto para com os santos que estão em sua terra" (Sl 15,3). Há até quem diga que inventei uma santa: a "Santa Peleja". A verdade é que, quando alguém me pergunta, pessoalmente ou pelo WhatsApp, como estou, respondo: "estou na santa peleja".

Meus revezes e labutas diários são meu chão de escrita, minha escrivaninha. Escrevo com os pés no chão, ou melhor, com os pés na cama, já que ela tem sido meu *habitat* em Deus desde o fim de março de 2020. O *Chronos* (tempo do homem, tempo dos revezes, tempo natural, tempo do sofrimento) é meu ganha-vida, ganha-força, ganha-alma. Tenho buscado fazer dele o meu *Kairós* (tempo de Deus, tempo da graça, tempo sobrenatural, tempo do alívio).

É possível dar um sentido curativo-libertador àquilo que nos adoece no tempo. Não são os dias longevos ou quentes que nos achacam, tampouco é o tempo que nos cura ou alivia. O que nos cura é a maneira como vivemos no tempo.

Escrevo crônicas sobre como levar a vida com os limões que a vida nos dá. Escrevo crônicas sobre como viver com as pessoas apesar daquilo que elas podem – ou não – nos fazer. Descobri que escrever me cura. Entendi que escrever cura quem me lê. Como diz meu amigo Gustavo Cabral, "livros são remédios. Deveriam ser vendidos nas prateleiras das farmácias".

Sempre gostei de escrever porque sempre fui um bibliófilo, mas não imaginava que a minha escrita seria fonte de cura para mim e para tantos outros. Gosto de viajar pelos gêneros literários, da prosa à poesia. Porém, não me sinto exatamente um escritor; acho que sou mais um escrevente, um escrevente da vida real vivida à luz da vida sobrenatural.

Bom, você já sabe que eu amo uma limonada. Já sabe também que a vida me deu muitos limões e que com eles tenho feito muitas limonadas e outras deliciosas iguarias! Uma pessoa azeda – coitada! – é aquela que não conseguiu ir além da acidez dos limões que a vida deu a ela.

Quando vejo alguém que sorri apesar dos muitos sofrimentos que enfrenta ou enfrentou, alguém que deu a volta por cima, alguém que virou o jogo, alguém que deu uma resposta diferente da resposta dada pela maioria, penso *Está aí uma pessoa que transformou seus limões em uma limonada!* e quero logo saber com que liquidificador, *mixer* ou cadinho ela o fez.

Uma das minhas limonadas preferidas é aquela que mamãe Carminha faz para mim com o limão-capeta. É verdade que não gosto nem um pouco de falar o nome desse limão e gosto ainda menos daquele que dá nome a ele – e ele também não gosta nem um tiquinho de mim. Esse limão tem muitos outros nomes: limão-cravo, limão-caipira, limão-rosa, limão-cavalo, limão-égua, limão-tambaqui e por aí vai. Lá em Minas, porém, o que a gente fala mesmo é limão-capeta. E você não vai acreditar na sobremesa que mamãe fez hoje: doce de limão-capeta! Para completar, o senhor Bispo Dom Wilson Angotti me trouxe limões-capeta da sua horta. O capiroto está mesmo destruído.

São Francisco de Sales, bispo e doutor da Igreja, doutor da mansidão, um dos bispos mais meus amigos, gostava de ensinar: "Quem é de Deus consegue tirar coisas boas mesmo das artimanhas do capeta". Pois há quem, me olhando apressadamente, hoje, diga: "É, o capeta pegou o Padre Márlon de jeito! Olha como ele está, na cama, cheio de coisas pregadas no corpo, e ainda vive no hospital". A esses céleres observadores deixo um dos meus mais célebres ensinamentos: "Faça dos seus limões uma limonada!". Na minha vida, o primo pobre dos cítricos virou ingrediente *gourmet*.

Aqui, de bucho para cima, gordinho – mas não embuchado pela doença –, eu me debruço e escrevo no buxo da sala de estar da minha vida, a minha cama: a melhor limonada não é aquela que a gente faz com os limões que a vida nos dá; a melhor limonada é aquela que a gente faz com os limões que o capeta nos dá! O que você pensa disso? Meu anjo da guarda não é estagiário, e minha limonada é profissional!

"Com Deus me deito, com Deus me levanto." Quer dizer, na verdade, eu não me deito; eu durmo, porque deitado já fico mesmo, dia e noite, aqui na minha cama; e acordo, mas não me levanto… continuo na cama!

Os meus últimos anos não têm sido nada fáceis. Tenho andado exausto. "Andado" é maneira de dizer, é recurso de linguagem, porque fico na cama mesmo, certo? E o papai Múcio gosta de mexer comigo: "Mas como você está cansado, meu filho? Você não fez nada hoje! Nem saiu da cama…". Muita fadiga, fraqueza muscular e dor. Olha, só mesmo consagrando esse trio ao Deus uno e trino, viu?

A equipe que cuida da minha saúde me interroga: "Como está o seu sono, padre?". Eu respondo com outra pergunta: "Que sono? Eu acordo para dormir de novo!". Falando sério: acordo para rezar, amar... e rir! Está bom, não é mesmo? O que me consola é que não dorme nem cochila o guarda do Padre Márlon (Sl 120,4). Não dorme nem cochila o guarda de... (coloque aqui o seu nome).

Alguém me censurou: "Padre Márlon, quando o senhor vai sair dessa cama para evangelizar?". Tentei explicar: "Minha filha, não preciso... você não sabe que evangelizo aqui da cama mesmo? E, agora, até dormindo?". Mas se Deus quiser, vou sair! Nossinhora! Jesus! Não vejo a hora.

Ainda brinquei, perguntando a essa pessoa: "Será que a sua vida caminha? Você caminha para cá e para lá. E eu, só na caminha!". Aliás, quando se tem Deus e Ele nos tem, no calor ou no friozinho, bom é viver na caminha... e não há quem resista à caminha preparada pela mamãe Carminha. Amém?

Minha doença não está acorrentada ao pé da minha cama. Minha doença não me acorrenta em minha cama. Minha doença não acorrenta minha alma e meu coração ao pé da cama! Em Jesus sou livre, estou livre! Da cama, eu voo. Minha cama voa. Eu voo na cama. Não sou um acamado; sou, por Deus, um filho muito amado!

"Além da cruz, não existe outra escada para subir ao céu." Essas são palavras de Santa Rosa de Lima, padroeira da América Latina. Isabel era seu nome de batismo; o nome Rosa foi dado a ela devido à sua beleza. Tenho um belíssimo quadro de Santa Rosa que ganhei da Fabíola Werneck, uma de minhas filhas espirituais. Santa Rosa é uma grande amiga minha e tem me ensinado a subir a escada da cruz; ela tem me ajudado a ser criativo com os limões do viver e a ser cada vez mais amigo de Deus.

Um padre, amigo meu, me contou que foi atender uma senhora enferma. Em dado momento da conversa, ele tentou consolá-la: "A enfermidade nos faz amigos de Deus, minha filha!". Sabe o que a mulher respondeu ao padre? "E quem falou que eu quero ser amiga de Deus? Eu quero é a minha cura!" Nossa! Logo se vê que essa pobrezinha precisa muito de Deus... e de muita cura!

Mesmo da cama, com a graça de Deus presido os trabalhos em uma comunidade terapêutica que trata pessoas com dependência química

– de álcool e de outras drogas –, o Instituto Santa Teresa d'Ávila. Cuido de três restaurantes populares, de um hospital para pessoas com doenças raras, de uma obra de adoração dia e noite a Jesus Sacramentado, de uma TV e de uma rádio on-line e de diversos projetos sociais que assistem, hoje, mais de sete mil pessoas por dia! Isso não é um milagre? Rezo para que você também receba o milagre: ou a cura do seu sofrimento ou a graça de ser curado por meio dele.

Santa Teresa d'Ávila foi uma espanhola do século XVI, mulher de fibra, de grande vida interior e trabalhadora. Mística e doutora da Igreja, era dotada de um humor delicioso e de muita sinceridade para com o Senhor e com todos.

Certo dia, Teresa estava bastante chateada com as dificuldades que estavam surgindo em sua caminhada; ela caminhava com Deus e só queria fazer o bem. Então, "na lata", disse ao Senhor: "Chega, Jesus! Assim não dá! É uma cruz atrás da outra! Já estou cansada disso tudo". O Senhor olhou bem para Teresa e explicou: "Ô, minha filha, a cruz é o presente que dou para os meus amigos". Teresa, de novo, deu uma de sincerona: "Ah, é? Então é por isso que o Senhor tem poucos amigos!".

"Deus prova", ensinou Santa Teresinha, "aqueles que mais ama!". E continua a fiel discípula de Santa Teresa: "Jesus nos enviou a cruz, a mais bem escolhida que Ele podia inventar no seu imenso amor".

De fato, Jesus tem muitos fãs e admiradores. Muita gente é simpática a Ele, diz crer n'Ele, usa o nome d'Ele, diz andar com Ele e até viver para Ele, mas amigos, amigos... ah, amigos são poucos! Bom, eu quero ser amigo de Jesus, custe o que custar, pois essa é a grande cura. E você? Ninguém fica amigo de Deus se não for pelo sofrimento. Quem não sofre manda em Deus; quem sofre com Deus é conduzido por Ele.

Santa Teresa também afirmou: "Vimos sempre que os mais chegados a Cristo, Nosso Senhor, foram os que passaram pelos maiores sofrimentos. Consideremos quanto sofreu sua gloriosa Mãe".

Outro grande doutor da Igreja, Santo Agostinho, vendo as dificuldades da caminhada com o Senhor e os limões que a vida nos dá, disse certa vez para Jesus: "Senhor, é duro te seguir, mas é impossível te deixar!".

Outra santa nos anima no sofrimento cotidiano: "Tenha sempre uma fé inquebrantável no amor. Se tens de sofrer, prova é de que o Senhor te ama com predileção", deixava bem claro Santa Elisabete da Trindade.

Há quem veja o diabo em tudo e há quem só enxergue sofrimento na cruz. No entanto, há quem se valha da cruz para crescer. Cruzes são escadas. Crises são oportunidades! Nossos limões de todo dia podem ser mais que ingredientes das nossas refeições cotidianas: podem ser ingredientes também das nossas superações de cada dia. Todos que têm limões têm o poder de se transformar e de transformar o mundo.

A criptonita tirava a força do Super-Homem; os limões do dia a dia minam as energias de muita gente. Eu tenho buscado me valer deles para, na minha fraqueza muscular, ficar mais forte na fé.

Com Jesus, a cruz ganhou novo sentido. Ela era o símbolo da máxima condenação para os piores criminosos, mas aquele que na Árvore da Vida foi vencido, na Árvore da Cruz tornou-se vencedor. Muitos querem triunfar com Jesus e assentar-se à sua direita ou esquerda no céu, mas poucos sequer suportam a ideia de passar pela cruz do Senhor. É ensinamento de São Luís Maria Grignion de Montfort, autor do benquisto *Tratado da verdadeira devoção à Santíssima Virgem*: "Jamais a cruz sem Jesus nem Jesus sem a cruz".

Não basta fazer, dos limões que a vida dá, uma limonada. Isso todo mundo já deveria fazer. A vida em Deus nos dá elegância, bom humor, um charme santo... e um paladar refinado! Minhas papilas gustativas estão ficando cada vez mais apuradas. Quem caminha com o Senhor não faz apenas limonada, faz limonada *gourmet*, faz *pink lemonade*.

Coisa que mais me causa ojeriza é gente de cara feia. Cara feia é sinal de quê? De que chupou limão puro. A vida nua e crua fere; o sofrimento vivido em Deus redime.

Pink lemonade? É uma limonada cor-de-rosa muito tradicional em lanchonetes e festinhas dos Estados Unidos. Não é apenas uma bebida bonita; ela é também muito saborosa – deliciosa! –, refrescante e, além de tudo, natural e saudável. A *pink lemonade* é uma boa pedida para quem, como eu, não consome bebida alcoólica.

Gosto de rezar assim:

Senhor, que eu não me canse de estar cansado e que o meu cansaço a outros permita descansar, sobretudo a tantos que pelejam sobre a face da terra. Senhor, que eu não me canse de estar cansado e nem fraqueje por estar fraco. Senhor, que eu seja um paciente bem paciente. Amém! É minha prece sem romantismo algum.

Há um provérbio espanhol que diz "Quando você vir as barbas de seu vizinho pegar fogo, ponha as suas de molho", indicando que todos devemos aprender com as experiências – boas e ruins – dos outros. Bom, espero aprender com as experiências dos outros, mas sobretudo com as minhas próprias experiências! E com as minhas barbas... e babas! Mas não com as minhas brabas.

Como dizia o saudoso servo de Deus Padre Léo de Bethânia, eu seria uma "anta" se não aprendesse nada com os limites do meu corpo e da minha doença sem limites. Com tanta oração e penitência que o povo de Deus faz por mim, chego a pensar que corro um sério risco de me tornar santo... salve, Maria!

Chega de barbeiragem na condução do carro da sua vida. Viver nunca foi e nunca será uma barbada, pois em Jesus buscamos vencer o diabo. Aprender com as barbas alheias e com as próprias barbas, com as experiências do outro e com as nossas próprias experiências, isso é a vida! Barbados ou imberbes, barbudos ou pueris, aprendamos com as lições que a Mestra Vida nos dá.

E, para você, trago a receita da *pink lemonade*:

PINK LEMONADE

Ingredientes

Para 6 porções: 4 xícaras de água, 1 xícara de limão-siciliano (aproximadamente 2 e 1/2 limões), 1 xícara de suco de morango (ou de framboesa, mirtilo-vermelho, amora, romã ou groselha) e gelo a gosto. Adoce, se desejar (eu adoço!).

Modo de preparo

Junte todos os ingredientes em um pote de vidro com tampa e chacoalhe bem (ou bata rapidamente no liquidificador). Para decorar, acrescente gelo, hortelã e uma fatia de limão-siciliano. E delicie-se!

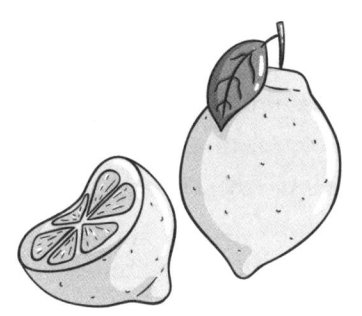

É proibido reclamar dos limões

"Bem ao contrário de me lamentar, alegro-me, porque o bom Deus me permite sofrer ainda por seu amor." (Santa Teresinha do Menino Jesus)

"O amor é a única maneira de captar outro ser humano no íntimo da sua personalidade." (Viktor Frankl)

Quem entra nos aposentos do Papa Francisco encontra este aviso: "É proibido reclamar". Motivado pelo gesto do Santo Padre, eu também tenho a mesma advertência na porta do meu quarto. Quem deu a placa ao Papa Francisco foi o próprio autor, o dr. Salvo Noè, um famoso psicoterapeuta familiar italiano.

É proibido reclamar também é o título de um *best-seller* do dr. Noè, prefaciado pelo próprio pontífice, traduzido para o português pelo meu amigo Padre Joãozinho, SCJ, e publicado pela minha amada editora que também lançou este meu livro: a Planeta, pelo selo Academia. Creio verdadeiramente no quão prejudicial é a reclamação – e o que dela advém – e tenho ensinado isso nesses 34 anos de caminhada carismática e 22 anos de ministério sacerdotal.

Transcrevo aqui a placa que mencionei:

É PROIBIDO RECLAMAR

Lei de proteção n.º 1 da saúde e do bem-estar.

Os transgressores estão sujeitos à síndrome de vitimismo, com a consequente diminuição do bom humor e da capacidade de resolver problemas.

O valor da multa será duplicado quando o delito for cometido na presença de crianças.

Pare de reclamar e se esforce para melhorar sua vida.

Salvo Noè

Outra placa que tenho na porta do meu quarto é uma cópia da que São Geraldo Majella tinha na porta do quarto dele:

"Aqui se faz a vontade de Deus, como Ele quer e até quando Ele quiser."

Essas duas placas estão não apenas na porta do meu quarto; elas estão na porta do meu coração! E não só na porta: estão também lá dentro, nas profundezas e dobras da minha alma. Bem no meu âmago, busco não murmurar, nunca reclamar e fazer a vontade de Deus. Unicamente a d'Ele, não a minha, sem concessões.

O servo de Deus Padre Léo de Bethânia dizia que a murmuração é o Terço do capeta. Concordo plenamente com ele. Coisa mais difícil para mim é ficar do lado de uma pessoa que murmura. Também fiz um voto ao Senhor de não demonstrar descontentamento, mas oferecer a Jesus, por causas nobres, aquilo de que não gosto ou não gostei.

Na Missão Sede Santos, gostamos de rezar assim: "Mais de Deus, menos de mim e nada do Inimigo!". Bem parecido com o que o jovenzinho Beato Carlo Acutis afirmava: "Não eu, mas Deus".

De fato, tudo nesta vida pode ser uma lição para quem quer aprender. Tudo pode ser uma lição, e nada deve vir acompanhado de murmuração. Se algo não foi bênção na sua vida, acredite, foi uma lição! Ao soberbo, nada se ensina, nada se acrescenta; ao ávido de saber, o sabor é mestre! Os alimentos, bem como as bebidas, têm numerosas lições. O limão de cada dia forja *guibores*, santos guerreiros.

Cortando o cabelo, caí na bobeira de brincar com minhas madeixas: "Ó, madeixa, por que tu me deixas?". E não é que os restolhos de cabelo no chão deram para falar? "Sem queixas, Padre Márlon. Por favor, sem queixas. Vê logo se tu me deixas!".

Está no livro de Tobias: "Nunca permitas que o orgulho domine o teu espírito ou as tuas palavras, porque ele é a origem de todo mal" (Tb 4,14).

São Paulo diz em sua carta aos cristãos de Éfeso e a cada um de nós: "Nenhuma palavra má saia da vossa boca, mas só a que for útil para a edificação, sempre que for possível, e benfazeja aos que ouvem. Não contristeis o Espírito Santo de Deus, com o qual estais selados para o dia da Redenção. Toda amargura, ira, indignação, gritaria e calúnia sejam desterradas do meio de vós, bem como toda malícia. Antes, sede uns com os outros bondosos e compassivos. Perdoai-vos uns aos outros, como também Deus vos perdoou, em Cristo" (Ef 4,29-32).

Aprendi uma coisa muito importante e partilho com você: mesmo quando as coisas não CORREM BEM, tudo CONCORRE para o meu BEM. Claro, se eu amo a Deus! É que Romanos 8,28 está de pé, amém? Os melhores limões estão no pé; os mais azedos colocam-nos de pé.

Não, não venha me dizer que a sua cruz está pesada demais! Cada um de nós tem a cruz de que precisa. Sua cruz tem a medida exata da sua salvação. Não sobra nem falta nada aos seus ombros! Foi por amor de nós que o bom Deus nos deu a nossa cruz, porque deseja nos salvar. De uma vez por todas, faça as pazes com a sua cruz e, por favor, entenda: ela não é um castigo; ela é uma oportunidade, é a chave da porta do céu. Quanto mais você briga com a sua cruz, mais pesada ela fica. Assim acontece com quem não sabe lidar com o sofrimento.

Você sempre me vê com uma cruz no peito. Nós, missionários consagrados na Comunidade Missão Sede Santos, trazemo-la sempre no peito para anunciar o grande amor de Deus – e para ter peito de suportar as cruzes do dia a dia! Na verdade, a nossa cruz missionária busca incutir em nós o santo e salutar propósito de reparação e expiação, de ascese e mortificação, atitudes tão abandonadas em nossos dias, em que grassa o pecado e é deixada de lado a graça de Deus. É preciso, como pediu o Anjo de Portugal, crer em Deus por aqueles que n'Ele não creem, adorá--Lo por quem não O adora, esperar n'Ele por aqueles que não esperam, amá-Lo por aqueles que não O amam.

Aqui estou com a chave do céu na mão. A cruz missionária de nossa comunidade é, para nós, membros da MSS, a nossa chave do céu. Repare que é uma cruz tosca, mas é a nossa cruz. Se, enquanto Missão Sede Santos, formos o que temos de ser e fizermos o que temos de fazer, ganharemos o céu! Simples assim.

Santa Catarina de Sena nos ensinou: "Se fordes o que deveis ser, incendiareis o mundo". Você também: se no seu estado de vida, na sua família, no seu trabalho e na sua vocação você abraçar a sua cruz, com certeza você se salvará.

É por isso que não abro mão das minhas cruzes. Por exemplo, as minhas crises de saúde que me trazem cruzes são, na verdade, luzes. É claro que quero sarar, mas, enquanto estiver enfermo, eu me santificarei pela minha enfermidade e evangelizarei os irmãos pela minha enfermidade. Não posso desperdiçar, de jeito nenhum, a chance de ganhar o céu. Jogar fora a cruz é jogar fora a chave da porta do céu. Não vou jogar fora a minha chave. E você? Não troco nem vendo a minha chave do céu por nada deste mundo. Dos seus limões, não reclame... nem abra mão!

Não fuja dos seus limões

"Mas Deus sabe também que é preciso sofrer para ganhar a vida eterna!" (Santa Teresinha do Menino Jesus)

"Quando damos sentido à vida, não nos sentimos apenas um pouco melhor, mas também encontramos a capacidade de lidar com o sofrimento." (Viktor Frankl)

Eu gostaria de mudar a sua oração. Pode ser? Não peça para Jesus aliviar o peso da sua cruz, peça para Ele te dar ombros fortes para carregá-la. Amém? Você não precisa desprezar seus limões; o que você precisa é mudar a sua oração. Não se trata de rejeitar os limões, mas de ter coragem para fazer a limonada. A Palavra do Senhor é clara: "Confirmavam as almas dos discípulos e exortavam-nos a perseverar na fé, dizendo que é necessário entrarmos no Reino de Deus por meio de muitas tribulações" (At 14,22).

Você já sabe o quanto amo os santos de Deus. Aprendi com um dos maiores luzeiros do céu, São João da Cruz:

"Não fujas dos sofrimentos, porque neles está a tua saúde." (Parece contraditório, não é mesmo? Mas a verdade é que no sofrimento pode estar a nossa saúde, a nossa felicidade, a nossa salvação. A lógica de Jesus e dos cristãos é totalmente diferente da lógica deste mundo.)

"Por causa de prazeres passageiros, sofrem-se grandes tormentos eternos."

"Onde não existe amor, coloque amor e encontrarás amor."

"O mais leve movimento de uma alma animada de puro amor é mais proveitoso à Igreja do que todas as demais obras reunidas."

"No entardecer da vida, seremos julgados pelo amor."

São João da Cruz descobriu que suas cruzes eram a chave de todos os seus problemas, e não todos os seus problemas ou a causa de seus problemas. E você, já descobriu que os limões da sua vida também são a sua chave? Todos nós temos um limoeiro plantado no quintal da alma. O que garante que seremos felizes ou não, abençoados ou não, prósperos ou não, é o cuidado com o nosso pé de limão. E as receitas – claro! – que fizermos com os nossos limões; os limões de casa, os limões caseiros, os limões que ganhamos de presente... e aqueles que trazemos da feira e do mercado. Benditos sejam os nossos limões, nossa chave para o céu!

"Juízo e canja de galinha não fazem mal a ninguém!" Não é assim que se diz? Pois é, estou procurando o tal do juízo e não é de hoje. Estou tentando não jogar fora o juízo que Deus, a família e a vida me deram; o juízo que os limões me impuseram! Não pense você que achar o juízo é uma coisa fácil. Conservar-se nele é outro desafio. Durante uma enfermidade? Ah, durante uma enfermidade, muita gente perde o juízo.

Bom, como não sou de entornar o caldo nem de ficar dando sopa por aí, tenho buscado dar uma canja para você diariamente nas minhas redes sociais. Eu não tinha previsto para mim, lá pelas tantas, no espetáculo da vida, executar sem dó, mais uma vez, os sintomas dessa doença raríssima.

Mas existe um porquê! Tudo tem um propósito e uma permissão divina. Tenho buscado me santificar por meio da doença e colaborar, um pouco que seja, para a santificação alheia. Tenho buscado ganhar juízo e também ajuizar.

Estou certo de uma coisa: com as canjas que os sofrimentos dão a cada um de nós e os acontecimentos inesperados da vida, só não toma juízo quem não quer. Minha vida tem sido assim: uma busca incansável por juízo enquanto saboreio uma necessária canja de galinha – acompanhada é, claro, de uma boa limonada. Amém? Vai uma colherada aí? Um golezinho? Por favor, aceite! Não se faça de rogado...

Olha, graças a Deus sou mineiro. Com 9 meses de idade, meus pais e eu deixamos a nossa amada perolazinha Carmo da Mata, lá no centro-oeste de Minas Gerais, e nos mudamos para São Paulo em busca de melhores condições de vida. Cresci em São Paulo, amo São Paulo, mas sou mineiríssimo, uai! Carmense de Carmo da Mata, da Carmo da Mata de Nossa Senhora do Carmo.

Aliás, o que me salva é a minha mineiridade. Nós, mineiros de Minas Gerais – para deixar tudo bem explicadinho e sem sombra alguma de dúvida –, temos alguns predicados, alguns "recursos de linguagem" que só nós lá das alterosas temos.

Faz parte, por exemplo, da nossa mineirice, do bom *mineirês* clássico e erudito (!), engolir sílabas e fazer de várias palavras uma única. Há quem faça de um único dissabor a sua sentença de morte. Há quem faça das suas mais diversas dores a doença dos outros. Mas há também quem encontre em todos os seus sofrimentos, somados, uma oportunidade de santificação.

Nestes tempos especiais que tenho vivido, em que a enfermidade parece ser a dona da casa (ou do corpo), tem horas em que nem eu mesmo entendo o que falo. Mas Deus entende! Ele entende, e eu me mato de rir.

Há momentos em que falo muito baixinho ou fraquinho, quase desconfiado, tal qual um legítimo mineirinho. Em outros, rastejo as palavras, gaguejando ou juntando todas elas como se fossem um único "trem". Em outros momentos, ainda, a palavra não vem! *Ah, nem...* A fala fica pastosa, entrecortada, assoprada. Houve meses e meses a fio em que eu abria a boca e não saía nada. Meu interlocutor precisava fazer leitura labial para saber o que eu estava falando. "Recursos de linguagem", digamos assim, da enfermidade.

Por exemplo: *grassadeus*. Amo essa expressão; aliás, é uma das minhas preferidas em todos os idiomas. Mas o que é *mêzmmmmm* que ela quer dizer? "Graças a Deus"! Já "Nossa Senhora" vira "*Nossinhora*". E "*Nóóóóóóó*"? Também significa "Nossa Senhora"!

Ah, se eu não fosse *mineirim*! *Causdequê?* *Pra módi juntá as palavra tudim, isturdia, agorim* e o *diinterim, gendedeus*! Iam dizer que tenho algum distúrbio de articulação da fala. Até parece! Ser mineiro é o que me salva. *Benzadeus!*

São José é bem mineirinho também: no Evangelho, o Carpinteiro entrou mudo e saiu calado! Ele salva a minha mineirice. São José, na sua mineiridade toda, salvou todo o meu mineirês e o mundo: engoliu *foi tudo*! As sílabas todas, para deixar (só) o Verbo de Deus (Jesus) falar! *Uai, trem bão dimais da conta, sô!*

Gosto da eloquência de Santa Teresa de Jesus sobre a devoção a São José. No *Livro da vida*, sua autobiografia, ela escreveu:

"Tomei por advogado e senhor o glorioso São José e muito me encomendei a ele. Claramente vi que dessa necessidade, como de outras maiores referentes à honra e à perda da alma, esse pai e senhor salvou-me com maior lucro do que eu sabia pedir.
Não me recordo de ter suplicado graça que tenha deixado de obter. Coisa admirável são os grandes favores que Deus me tem feito por intermédio desse bem-aventurado santo e os perigos de que tem livrado, tanto do corpo como da alma. A outros santos parece o Senhor ter dado graça para socorrer em determinada necessidade. Ao glorioso São José tenho experiência de que socorre em todas.
O Senhor quer dar a entender com isso como lhe foi submisso na Terra, onde São José, como pai adotivo, podia-O mandar; assim, no Céu continua a atender a todos os seus pedidos. Por experiência, o mesmo viu outras pessoas a quem eu aconselhava encomendar-se a ele. A todos quisera persuadir que fossem devotos desse glorioso santo, pela experiência

que tenho de quantos bens alcança de Deus... De alguns anos para cá, no dia de sua festa, sempre lhe peço algum favor especial. Nunca deixei de ser atendida".

Santo André Bessette, assim como eu, também é amigo incondicional de São José. Conhecido como "o colecionador de muletas", o irmão André, de Montreal, ensinava acerca do sofrimento: "As pessoas que sofrem têm algo a oferecer a Deus. Quando elas têm sucesso ao suportar seu sofrimento, este é um milagre diário!". Não sei se faço milagres, mas sou um milagre vivo.

Santo André foi um grande taumaturgo, isto é, um intercessor em favor de milagres. Mas ele deixava tudo bem claro: "Eu não sou nada... sou apenas uma ferramenta nas mãos da Providência, um humilde instrumento a serviço de São José". E ainda acrescentava: "As pessoas são tão tolas em pensar que posso operar milagres! É Deus e São José quem pode curar vocês".

Estão dizendo que cabeças vão rolar? Está com medo de perder a cabeça? Está com a cabeça quente? Já não sabe mais em que pensar? Faça como eu: descanse sua cabeça e seu coração, sua alma e sua história nos ombros de Nossa Senhora e de São José. Afinal de contas, ela assegurou ao índio São João Diego: "Meu filho, por que tens tanto medo? Não sabes que te trago nas dobras do meu manto e que sou tua Mãe?".

O Catecismo da Igreja Católica 2.589 diz: "Haverá coisa melhor que um salmo? É por isso que Davi diz, e muito bem: 'Louvai o Senhor, porque salmodiar é bom: para o nosso Deus, louvor suave e belo!'. E é verdade. Porque o salmo é uma bênção cantada pelo povo, louvor de Deus cantado pela assembleia, aplauso de todos, palavra universal, voz da Igreja, melodiosa profissão de fé" (Santo Ambrósio).

Ressabiado que sou, como todo legítimo mineiro, morro de medo de ver o cão chupando manga. *Crendeuspai!* Antes que isso aconteça, pode deixar que eu mesmo chupo os meus limões, em meio a salmos de louvor e muitas e amorosas ave-marias.

Rir do azedume do limão é um santo remédio

"Que alegria por um momento de sofrimento!" (Santa Teresinha do Menino Jesus)

"A vontade de humor – a tentativa de enxergar as coisas numa perspectiva engraçada – constitui um truque útil para a arte de viver." (Viktor Frankl)

Um dos meus versículos preferidos, de toda a Bíblia Sagrada, é este: "Coração alegre, bom remédio; um espírito abatido seca os ossos" (Pr 17,22).

Jesus era muito bem-humorado. Os santos tinham um fino humor. A ciência já falou, inúmeras vezes, da importância do bom humor, de rir das próprias trapalhadas e de buscar leveza naquilo que, por si só, já é pesado demais.

Um exemplo de leveza e bom humor para mim e para você é o Papa Francisco. Ele contou que há mais de quarenta anos reza, todos os dias, uma oração de São Tomás More – que foi decapitado em 1535 –, pedindo a graça do bom humor. Sempre peço para ele interceder pelos nossos pensadores, fazedores de opinião, influenciadores digitais, artistas, políticos e também por nós, para que nunca percamos a cabeça e sempre tenhamos bom humor. Rir do azedume do limão é um santo remédio!

ORAÇÃO PARA O BOM HUMOR, DE SÃO TOMÁS MORE, QUE O PAPA FRANCISCO REZA TODOS OS DIAS

Dai-me, Senhor, a saúde do corpo e, com ela, o bom senso para conservá-la o melhor possível. Dai-me, Senhor, uma boa digestão e também algo para digerir.

Dai-me uma alma santa, Senhor, que mantenha diante dos meus olhos tudo o que é bom e puro. Dai-me uma alma afastada do tédio e da tristeza, que não conheça os resmungos, as caras fechadas, nem os suspiros melancólicos. E não permitais que essa coisa que chamam o "eu" e que sempre tende a dilatar-se me preocupe demasiado.

Dai-me, Senhor, o sentido do bom humor. Dai-me a graça de compreender uma piada, uma brincadeira, para conseguir um pouco de felicidade e para dá-la de presente aos outros. Amém.

Segura esta: tudo indica que eu seja um X-Men! Outro dia, eu disse à Camila Almeida, a fisioterapeuta que me acompanha há mais tempo: "Filha, já que sou tão raro assim, por conta de uma doença tão rara, um caso em cada um milhão de pessoas, estou pensando seriamente que sou uma espécie em extinção". Ela me consolou: "Não pense assim, padre. Pense que o senhor é uma nova espécie!". Ah, rimos tanto!

A minha enfermidade é o resultado do quê? De uma mutação genética. Hoje a genética prefere falar em "variação genética", para não acentuar tanto o lado negativo ou patológico da mutação. Bom, o fato é que algo saiu diferente para mim – "diferente", não "errado". Então, sou um mutante! Louvo e bendigo a Deus por isso. Minha mutação genética me fez mudar de vida: me fez querer mais de Deus, mais da vida n'Ele;

me tornou mais humilde, mais consistente na oração, mais compadecido de quem sofre, mais generoso com o irmão, mais capaz de perdoar, mais capaz de relativizar as agruras do viver e as ofensas que recebo.

Tenho contato com algumas pessoas que têm a mesma doença que eu. Já temos até uma associação no Brasil: a Cure RTD Brasil. Também nos relacionamos com pessoas de outros países por meio da Fundação Cure RTD, dos Estados Unidos, cofundada pelo meu amado Keith Massey. Contei dessa conversa com a minha fisioterapeuta para a Diéfani Piovezan, uma jovem que tem RTD – mais uma guerreira! Ela adorou a ideia de sermos o começo de uma nova espécie e ainda cogitou: "Talvez sejamos X-Men, padre!".

O interessante é que eu, até então, nunca tinha assistido a um filme da série X-Men (já do Homem-Aranha...). E tenho vários amigos Homens-Aranha, como o Fabiano de Paula, de Tremembé, e o Mattia Villardita, da Itália. A eles, minha enorme gratidão e admiração. Como eles cuidam bem de mim e animam! Mas também quero agradecer a estes Peter Parker: Tobey Maguire, Andrew Garfield e Tom Holland, pelo bem que me fazem.

Olha, é bem melhor pensar com humor. O humor diminui o terror! O importante é desopilar o fígado. Rir é um santo remédio, e é melhor encarar como um dom (ou transformar em dom) o que poderia ser um limite, "defeito" ou só doença. Amém? O importante é fazer a limonada.

Rir da pessoa "limão azedo" é um remédio e tanto

"Como é doce pensar que nós navegamos para a praia eterna." (Santa Teresinha do Menino Jesus)

"O homem é o filho do seu passado, mas não o seu escravo, e é o pai do seu futuro." (Viktor Frankl)

Você não tem noção do tanto que gente sem noção me faz rir! É verdade que elas podem despertar em mim os mais diversos sentimentos e atitudes negativos, mas geralmente me fazem rir. Procuro logo transformar o que poderia me trazer indignação em oração amorosa, senão, o principal prejudicado serei eu. Tenho uma doença, mas não sou doente.

Tem gente que grita comigo pensando que não ouço, só porque a minha voz não sai. Tem gente que só fala em gestos comigo. Tem gente que pergunta se a minha cabeça está boa. Tem gente que pega a lousa para escrever para mim... é tudo muito hilário!

Eu me lembro de três episódios épicos em tempos idos (não tão idos assim). Três "piedosas" mulheres vieram me visitar. Uma delas ficou perplexa com o que viu e logo soltou: "Ué, mas o senhor não estava vegetando?". (Da minha parte, todo o respeito e carinho para com quem se encontra nessa situação.) Confesso que, nos primeiros milésimos de segundo, fiquei sem reação diante daquela pessoa sem noção. Por uns instantes, acho que "vegetei", mas logo repliquei: "Não, filha. Não estou vegetando, não! Não gosto de vegetais. Gosto mesmo é de muita massa e doce!". E caí numa gargalhada de uns 48 minutos seguidos.

Noutra vez, um "piedoso" casal veio me ver. A esposa não perdeu tempo: "Oi, padre. O senhor está nos reconhecendo?". Como a fama do casal era de ser sem noção e sem religião, imediatamente olhei para a mamãe e perguntei: "Quem são eles, mamãe?". A mamãe ficou toda desconcertada. O casal nem esquentou o sofá com o meu ar *blasé* forjado. Mamãe ainda tentou romper o silêncio sepulcral: "Vocês não aceitam um cafezinho?". Saíram em disparada! E eu fiquei rindo por uns 49 minutos seguidos.

Gente, faz bem para todo mundo: boa-fé, bom humor e bom amor. São três coisas que não perco: fé, bom humor e apetite! Tudo o que é bom é belo, vem de Deus, leva para Ele, faz bem! Amém? Deus, quando tudo fez, viu que tudo era bom, conforme os primeiros versículos de Gênesis.

Acredite: pessoas e fatos desconcertantes podem nos consertar e concertar. Por isso, não podemos desperdiçar ocasião alguma para a nossa melhoria e a consequente melhoria do mundo – e executar uma bela sinfonia. Pode ser "Jesus, alegria dos homens", de Bach, que eu amo de paixão. A gente não tem noção de que até mesmo pessoas sem noção podem ser uma bênção e oportunidade de crescimento em nossa vida.

Certa vez, eu estava em algum lugar do mundo, em missão. Uma senhora, também "piedosa", participante do evento, não conseguiu disfarçar o espanto quando me viu. Pálida e pávida, com os cabelos em pé, mão na boca e queixo caído, disparou à queima-roupa: "Ué, Padre Márlon, mas o senhor não tinha morrido?". E tentou se justificar do disparate: "Foi o que me falaram!". Sem pestanejar, constatei: "Tinha! Tinha morrido, sim. Essa é uma parte da verdade, mas não é toda a verdade. Eu tinha morrido! Disso você ficou sabendo, né? O que acho que não te contaram é que eu também tinha ressuscitado".

Gosto demais de uma música do grande poeta Belchior chamada "Sujeito de sorte". Não sou um sujeito de sorte e nem de azar: sou um sujeito de bênçãos! Belchior escreve, no refrão da música, "Ano passado eu morri, mas este ano eu não morro!". Ele pegou essa frase emprestada de Zé Limeira, um cantador, violeiro e repentista analfabeto, negro, que viveu na cidade de Teixeira, na Paraíba, e morreu em 1954. Zé Limeira ficou conhecido como "o poeta do absurdo" – e eu sou "o poeta do absoluto", mas também o "padre raro", "o padre que é um milagre", "o padre do milagre", "o padre da cama", "o padre de Maria, passa à frente!", "o padre daqueles livros", "aquele padre da Canção Nova", "aquele padre que tem uma doença...".

Amo – verdadeiramente amo! – aquelas pessoas que, sem noção, me permitem fazer com que elas, eu mesmo e todo o mundo tenhamos noção do milagre que sou e de que todos nós (todos, sem exceção, viu? Inclusive você!) recebemos milhões de milagres o tempo todo: são libertações e livramentos mil. Amém?

Tem gente que bebe, sim, a limonada, mas, lá pelas tantas, derrama o suco: perde a esportiva, chuta o pau da barraca, joga a toalha em cima. Rir das trapalhadas pessoais é um santo remédio. Rir das bagunças que os outros fazem com a nossa vida é outro santo remédio. Rir do azedume do limão cotidiano é um remédio e tanto!

Quando a gente ama, o outro nunca é um peso. Se há peso, é porque falta amor. Nos últimos dias, perguntei mais de uma vez à mamãe e ao papai, em separado para um não influenciar a resposta do outro: "Estou dando muito trabalho? Quer me devolver para o "fabricante" ou aceita ficar comigo assim mesmo?".

Para a minha alegria, eles disseram que "já estão comigo" há 49 anos – mamãe deu à luz a mim em 9 de abril de 1973 – e que não vão me devolver a essa altura do campeonato, não! Papai ainda balançou o bigode, sinal característico dele de demonstrar descontentamento, e mamãe lacrou: "Meu filho, já te disse e repito que não vou devolvê-lo para o fabricante. Eu me contento em mandá-lo para a assistência técnica". O riso correu solto, como sempre.

No amor não há peso. O amor é o preço que se paga quando se tem pelo outro grande apreço, mesmo que não seja recíproco. O amor não cansa, não permite o cansaço. O amor descansa a dor. O amor é um remédio para quem cuida; o amor é um remédio para quem é cuidado. Amém?

A limonada feita com os limões da vida é uma prova de amor por si mesmo e por aquele com quem você caminha. Quero ser santo, preciso ser santo! A santidade é a minha vocação e também a sua, e é próprio dos santos serem cheios de Graça e de graça. Assim quero ser, assim precisamos ser: espirituais e espirituosos, cheios de Deus e de alegria, com muito amor e bom humor, amigos de Deus e dos homens.

"O senso de humor é a atitude humana mais próxima à graça de Deus. Falta algo a um cristão que não tem humor", disse o Papa Francisco.

Descobri que, de tão frágil e literalmente fraco que sou, o bom Deus me concedeu uma virtude para suportar o meu sofrimento e fazer dele um suporte para a vida do outro: o Senhor me fez um eutrapélico!

Eutrapelia? É nada mais nada menos que uma virtude comentada por grandes filósofos gregos, como Aristóteles, e que mais tarde se tornou uma virtude cristã, muito apregoada e vivida por São Tomás de Aquino, São Filipe Néri, São Francisco de Sales e São João Bosco. Eutrapelia vem do grego e significa "brincadeira"; é a agradabilidade na conversa, com amabilidade e bom senso de humor. É o "meio-termo de ouro", dizia Aristóteles, entre o grosseiro e a bufonaria.

G. K. Chesterton, um grande eutrapélico, dizia que "a razão pela qual os anjos voam é que eles levam as coisas com leveza". Até Dante Alighieri falou da eutrapelia em *Convívio*: ele a definiu como a décima virtude do cristão, a penúltima antes da justiça e depois da fortaleza, da temperança, da liberalidade, da magnificência, da magnanimidade, do amor ordenado à honra, da mansidão, da afabilidade e da verdade. "A décima", escreve Alighieri, "chama-se eutrapelia, que nos modera nas diversões e nos faz usá-las corretamente".

Em sua *Filoteia*, São Francisco de Sales, outro famoso eutrapélico, afirma que uma das características do bom humor cristão é, em primeiro lugar, alegrar o coração e não ofender ninguém.

> "Aquele nos enxertou na verdadeira vida far-nos-á dar 'os frutos do Espírito: caridade, alegria, paz, paciência, benignidade, bondade, fidelidade, mansidão, autodomínio." (Gl 5,22-23)

"'O Espírito é nossa vida': quanto mais renunciarmos a nós próprios, mais 'caminharemos segundo o Espírito'. (...)" (Catecismo da Igreja Católica, 736)

Que o bom Deus nos dê sempre, a mim e a você, uma boa dose de eutrapelia. Deus partilha com os seus o que Ele tem. Quem anda com Deus fica parecido com Ele e ganha as suas virtudes, as suas forças. Vivamos a alegria dos santos e na alegria dos santos, os grandes amigos de Deus. A tristeza, está na Palavra, já matou a muitos, e nela não há utilidade alguma (Eclo 30,25). Quem ri dos seus limões não apenas sobrevive em meio aos revezes do dia a dia; quem ri dos seus limões vive e ajuda a viver.

O que você vai fazer com os seus limões?

"A vida será curta, a eternidade é sem fim... Façamos de nossa vida um sacrifício contínuo... Que todos os instantes de nossa vida sejam para Ele só..." (Santa Teresinha do Menino Jesus)

"O homem não deve perguntar qual o sentido da sua vida, mas ele deve perceber que é a vida que o pergunta." (Viktor Frankl)

Diga para mim, logo de uma vez: o que você vai fazer dos seus limões? As Frenéticas freneticamente nos mandavam soltar nossas feras, mas eu digo a você: amanse as suas feras! Todo mundo que lê a Bíblia deveria ser muito grato a São Jerônimo. Ele nasceu na Dalmácia (atual Croácia), viveu entre os séculos III e IV e morreu em Belém, pertinho de onde Jesus nasceu. Coube a ele traduzir os textos originais da Bíblia (o Antigo Testamento, em hebraico, e o Novo Testamento, em aramaico e grego) para o latim. Da sua versão latina, a Bíblia chegou até nós.

São Jerônimo facilitou, portanto, o acesso de muita gente a Jesus. Setembro é, na Santa Igreja, o mês da Bíblia, porque termina, dia 30, com a festa de São Jerônimo. Esse Doutor da Igreja dizia: "Desconhecer as Escrituras é desconhecer o próprio Cristo". Fico pensando: coitado de quem desconhece os seus limões... e mais, coitado de quem desconhece o poder de Jesus que nos é dado para fazer dos nossos limões a melhor limonada do mundo. É isso mesmo que eu disse: "do mundo!".

É interessante observar que São Jerônimo tinha um temperamento muito difícil e, trabalhando na tradução da Bíblia por 35 anos em uma gruta onde viviam animais selvagens, o Senhor foi amansando o seu gênio, as suas feras interiores.

Sinto que esse tempo de enfermidade em que Deus permite que eu fique na cama – e inúmeras vezes na UTI do hospital – está sendo, para mim, um tempo de aparar as minhas arestas, um tempo de conversão. Não posso ceder às minhas más inclinações e ficar animalesco, mesmo sendo eu a pessoa mais próxima das minhas feras interiores.

É tempo de diminuir os meus excessos, rever a minha trajetória, corrigir a minha própria história e mudar a história comum. Mudar o rumo da história! Com humildade digo: creio que posso mudar o rumo da história. Da minha cama, do altar da minha cama, da cruz da minha cama; em Jesus, Maria e José, eu posso, eu creio. Posso mudar o rumo da história!

Aproveite seu tempo de cama, de cadeira de rodas, de hospital, de consultas, de exames, de injeções, de hemodiálise, de quimioterapia, de radioterapia, de pulsoterapia, de dores, de incômodos, de limitações, para conhecer melhor Jesus, pela Bíblia Sagrada, e se deixar conhecer por Ele. Já que estamos, como São Jerônimo, nas grutas da nossa alma, conheçamos melhor as feras que somos e aproveitemos bem os nossos limões.

"Morri tantas vezes nesta vida que já estou ficando *expert* em ressurreição." Você já deve ter me ouvido dizer isso. Acho mesmo que sou um gato, porque tenho sete vidas. Ah, acho que até mais. Numa única vida – porque existe uma só –, já morri e ressuscitei várias vezes. Quase já fui para o beleléu; só não fui porque meu lugar é o céu! Sou uma fênix: já ressurgi muitas vezes das cinzas, até mesmo quando ninguém mais acreditava. Sou uma flor de lótus: nasço da lama onde foi semeada a semente do meu limoeiro, do lodo envolto nas raízes do meu pé de limão. Eu sempre renasço, ou sempre não morro: os que são de Deus não morrem nunca.

Vamos rezar juntos a oração "Maria, passa à frente"? Sinto que devemos fazê-lo agora, a fim de que recebamos uma grande graça de libertação nos sofrimentos nossos e dos que nos rodeiam, dos que amamos ou ainda não, dos que conhecemos ou ignoramos, dos que estão física ou emocionalmente próximos ou distantes de nós:

Maria, passa à frente e vai abrindo estradas e caminhos. Abrindo portas e portões. Abrindo casas e corações!
A Mãe vai à frente, e os filhos protegidos seguem seus passos.
Maria, passa à frente e resolve tudo aquilo que somos incapazes de resolver. Mãe, cuida de tudo o que não está ao nosso alcance. Tu tens poder para isso!
Mãe, vai acalmando, serenando e tranquilizando os corações. Termina com o ódio, os rancores, as mágoas e as maldições! Tira teus filhos da perdição!
Maria, tu és Mãe e também Porteira. Vai abrindo os corações das pessoas e as portas pelo caminho. Maria, eu te peço: passa à frente! Vai conduzindo, ajudando e curando os filhos que necessitam de ti.
Ninguém foi decepcionado, depois de ter invocado a tua proteção. Só a Senhora, com o poder de teu Filho, Jesus, pode resolver as coisas difíceis e impossíveis.
Amém.

Corte os limões.
Curta os limões!

"Se um suspiro pode salvar uma alma, o que não podem fazer os sofrimentos com os nossos? Não recusemos nada a Jesus!" (Santa Teresinha do Menino Jesus)

"Deus é o parceiro de nossos mais íntimos diálogos conosco mesmos." (Viktor Frankl)

Certa vez, estávamos eu e mamãe Carminha em uma consulta com o dr. Marco Calçada, cardiologista de todos nós aqui de casa. Em dado instante, ele disse: "Padre Márlon, o senhor se lembra daquela ocasião?". Ele se referia ao meu estado agravado de saúde. "Claro, doutor!", respondi. Ao que ele disse: "Pois é, padre. Cheguei a pensar que a vaca ia para o brejo". Eu, que não perco uma piada, entrei logo na chalaça: "Pois é, doutor, nem a vaca foi para o brejo, nem o bezerro". Demos muitas gargalhadas.

Toda vez que o bom Deus permite – não que Ele *queira*, mas que *permite* – a minha piora, sinto que Ele está aparando minhas arestas, tirando os meus excessos, acepilhando as rebarbas da minha barba e da minha alma, permitindo que eu tenha mais meios de me santificar e também de evangelizar. E olha, tenho descoberto, com a minha doença, muitos "superpoderes".

Conheço tanta gente que reclama dos limões da vida... sofrer, todo mundo sofre; o que muda é o sentido que cada pessoa dá ao sofrimento. É o que a psicologia chama de "ressignificação": dar um novo significado aos momentos difíceis da nossa história. Há quem, passando pela prova, seja aprovado e fique mais amigo de Deus (1Pd 1,7), mas também há quem, na tempestade, pule do barco do Senhor e ainda fique de mal d'Ele.

Veja que interessante: pessoas que brigam com Deus estufam o peito e dizem: "Estou brigado com Deus!". Se você está brigado com o Senhor, vou te dizer com muito carinho: "Como você é bobinho!". Pense comigo: se com Deus é difícil, sem Ele é mais difícil ainda! Jó perdeu tudo, mas continuou com sua fé firme em Deus.

Fico praticamente o tempo todo na cama, mas não perdi, graças a Deus, nem um pouquinho da minha fé no Senhor. Tenho cada vez menos força física, mas minha fé está de pé, e a sua também pode ficar. Estou na cama, mas a minha fé está de pé! Minha fé me permite continuar de pé mesmo estando deitado na cama – e, deitado na cama, pelo poder de Deus, ainda tenho feito muitos ficarem de pé.

O que você vai fazer com os limões dos pomares da sua alma? O que muda a acidez, o amargor e o azedume é o uso correto do limão e o uso do limão correto; a solução não está em não ter limão.

Há dias em que minha missa é bastante difícil. Babo, custo a respirar, sinto muita dor e cansaço, tenho dificuldade para levantar os braços, tusso em demasia e sobe muita secreção pela minha traqueostomia. Ainda assim, celebro-a todos os dias. Penso que esses meus pequenos sacrifícios no santo sacrifício da missa, aliados a alguns outros do cotidiano, são agradáveis ao Senhor. Penso e assim peço.

Estou buscando dar os meus 100% na Santa Missa, no Breviário e no rosário de Nossa Senhora. Não desprezo os meus limões. Faço bom uso deles. Há dias em que rezar a Liturgia das Horas me exige uma entrega colossal. Meu corpo está prostrado, as dores são imensas e intensas, a concentração nem sempre é fácil. A vista vê tudo duplicado. Apesar disso, me uno à Santa Igreja na oração oficial. Rezo com todos e por todos.

Meu grande amigo venerável Fulton Sheen explicou: "O Breviário é pesado. Toda vez que pegamos aquele livro, pegamos o Japão e a África, dois bilhões de não crentes, de apóstatas, o fardo das igrejas pelo mundo afora. Se milhões relutam em rezar, não sentimos essa relutância deles? Se os não convertidos arrastam os pés, como podemos ganhar asas e voar? (...) O Breviário não é uma oração pessoal; é uma oração oficial e, portanto, carrega o peso 'do fardo das Igrejas'. E até nos darmos conta de que estamos proferindo a oração da Igreja, será que entenderemos tanto a sua beleza como o seu peso?".

Busco, com a graça de Deus, não desprezar os meus limões, mas fazer bom uso deles, por mim, por cada pessoa, por todos. Se o bom Deus os permitiu a mim, é para o meu bem, para o meu crescimento. E você, o que tem feito dos seus limões?

Sinto ser urgente uma necessária proeza: caminhar de cabeça erguida, mas sem empinar o nariz! Caminhar de cabeça erguida, mesmo com os limões que brotam no canteiro da sua vida. Já tentou fazer isso? Por favor, se esforce. Sim, é possível viver assim. Vamos lá, você consegue! No meu caso, ter a cabeça erguida é ainda mais desafiador, pois a enfermidade a faz ceder, já que também não tenho muita força nos músculos do pescoço.

Cabeça erguida não tem nada a ver com postura física; é um estado de espírito, uma postura que revela o caráter: saber relevar os limões do viver. Cabeça erguida diz respeito à decência que se tem, à integridade que se traz, à honradez com que se vive, à hombridade que se carrega, à transparência e à coragem que ditam o cotidiano de uma pessoa.

Quem não deve não teme. Quem tem a Deus por avalista e a consciência iluminada pela fé da Igreja caminha de cabeça erguida. A cabeça erguida conquista o prêmio do travesseiro feliz e da eternidade feliz.

Descobri que caminhar com a cabeça erguida tem a ver com caminhar na vontade de Deus. Não tem nada a ver com forçar a barra. A verdadeira elegância é a espiritual. Gente de Deus tem a cabeça erguida, mas não tem o nariz empinado; e, claro, faz limonada com seus limões!

Há pessoas com o nariz empinado por conta de sobrenome, estudos, títulos, cargos, celulares, carros, joias, roupas de marca e países visitados. É claro que quando falo de nariz empinado não estou me referindo à elevação espacial da fuça, que pode até ser empinada com cirurgia para empinar a napa. Mas não é disso que estou falando.

Cabeça erguida e nariz empinado são coisas contraditórias e emblemáticas. Se a cabeça erguida de uma pessoa revela que ela é de Deus, o nariz empinado evidencia que ela é do diabo. Gente de Deus só pode andar de cabeça erguida; gente de Deus não pode ter o nariz empinado. Se tê-lo já é horrendo para qualquer um, quando quem o traz é gente de Igreja, é mais vergonhoso ainda.

Vamos ver quem aqui é bom de coordenação motora: cabeça erguida sem nariz empinado. Amém? Mande a sua foto para eu conferir!

No meu caso, que tenho fraqueza no rosto e também no pescoço, só preciso ser esperto: se a cabeça cai para cima, devo aproveitar e ter ideais elevados, contemplar as alturas do amor de Deus, pensar no céu; se cai para o lado, devo aproveitar e criar juízo de uma vez por todas, buscando ser santo e ponto-final... se cai para o outro lado, devo aproveitar e olhar para quem está do meu lado pedindo um ombro amigo, uma palavra amiga. Ah, meu Deus, me dê, por favor, uma esperteza terapêutica. É o jeito! Amém?

Não pense, portanto, que estou sempre de cabeça erguida. Às vezes, ela só está caída mesmo, no travesseiro ou na almofada para o pescoço, como aquelas que usamos no avião. A Patrícia, uma de minhas mães espirituais e mãe do meu coroinha Emanuel (que já está no céu), me deu uma almofada dessas justamente num dia em que eu estava precisando muito. Há momentos em que a cabeça cai para o lado e eu pareço ter pescoço de santo. Ai meu Deus... Tomara que tudo em mim seja de santo, não só o pescoço.

É que a doença causa uma fraqueza pontobulbar, gerando dificuldade para sustentar a cabeça. Agradeço a todos que se esforçam, dia e noite, para colocar minha cabeça no lugar e para que eu não perca a cabeça.

Em agosto de 2021, voltei da minha mais recente cirurgia de traqueostomia, a sétima desde o início desse ano, com muitas recomendações. Uma delas foi: "Padre Márlon, o senhor não pode virar o pescoço por três semanas!". Logo pensei: "Uai, mas não quero mesmo! Lutei a vida inteira para chegar aonde cheguei, aos 49 anos de vida e 22 anos de padre. Agora, por uma bobagenzinha qualquer, vou deixar que me virem a cabeça?

Tenho grandes amigos padres, muitos deles santos. Um deles é o Padre Francisco de Paula Victor, mais conhecido simplesmente como

"Padre Victor". Ele nasceu na cidade mineira de Campanha e faleceu em 23 de setembro de 1905, em Três Pontas. Foi recebido no Seminário pelo venerável Dom Viçoso, bispo de Mariana. O mesmo bispo o ordenou padre. Foi beatificado em 14 de novembro de 2015. Quando pediu para entrar no Seminário, era alfaiate e escravo.

Em alguns exorcismos que o Padre Victor fez, o diabo teve de sair dizendo não aguentar "o clarão e o poder do negro beiçudo". Dizem que o maior milagre que o Padre Victor fez foi justamente ter conseguido, como negro e pobre, entrar no Seminário e ser ordenado padre em plena época de escravidão no Brasil.

O diabo, que tem o nariz empinado, não aguentou a humildade, pureza e caridade do Padre Victor, que levantou a cabeça de tanta gente de todas as raças. Gente que bebe com gosto as limonadas do dia a dia manda o "coisa ruim" para longe!

"A morte é o fim da peregrinação terrena do homem, do tempo de graça e misericórdia que Deus lhe oferece para realizar a sua vida terrena segundo o plano divino e para decidir o seu destino último. Quando acabar 'a nossa vida sobre a terra, que é só uma', não voltaremos a outras vidas terrenas. 'Os homens morrem uma só vez' (Hb 9,27). Não existe 'reencarnação' depois da morte." (Catecismo da Igreja Católica, 1.013)

Viva em paz com os seus limões! A vida é única e curta. Não queira encurtá-la com o que não leva à vida eterna. Se algo leva você para o céu, amém! Se não, jogue fora, sem dó. Não corte os limões da sua vida; corte os seus limões e os saboreie! De beiço bom...

Nada de cara de limão azedo!

"A vida é um único ato de amor." (Santa Teresinha do Menino Jesus)

"A coragem da confissão eleva o valor do testemunho." (Viktor Frankl)

Uma mulher sem filhos, transformada, pela fé e pelo amor, na mais fecunda mãe da atualidade. De quem estou falando? De madre Teresa de Calcutá, admirada não só pela Igreja Católica, mas também por outros credos. Ela foi apresentada perante a ONU por Pérez de Cuéllar, então Secretário-Geral da organização, como "a mulher mais poderosa do mundo".

Não é de hoje que a sua figura me fascina. Madre Teresa nasceu em 26 de agosto de 1910 na cidade de Escópia, na Macedônia do Norte. Seu nome de batismo é Agnes Gonxha Bojaxhiu, mas ela passou a se chamar Teresa em homenagem a Santa Teresinha.

Madre Teresa viveu num deserto espiritual por cerca de cinquenta anos. Ninguém consegue imaginar como ela pode ser uma fonte tão generosa de águas límpidas e refrescantes para saciar a sede de Jesus, na cruz, pelos pobres mais pobres.

Em suas perguntas e respostas sobre a vida, ela diz que o pior defeito é o mau humor. Portanto, nada de cara de limão azedo!

Leia calmamente estas palavras de Madre Teresa e as deixe entrar no seu coração, transformando a sua vida e espremendo os limões dos seus canteiros interiores.

PERGUNTAS E RESPOSTAS SOBRE A VIDA

(Santa Teresa de Calcutá)*

O dia mais belo? Hoje.

A coisa mais fácil? Errar.

O maior obstáculo? O medo.

O maior erro? O abandono.

A raiz de todos os males? O egoísmo.

A distração mais bela? O trabalho.

A pior derrota? O desânimo.

Os melhores professores? As crianças.

A primeira necessidade? Comunicar-se.

O que mais te faz feliz? Ser útil aos demais.

O maior mistério? A morte.

O pior defeito? O mau humor.

A pessoa mais perigosa? A mentirosa.

O pior sentimento? O rancor.

O presente mais belo? O perdão.

O mais imprescindível? O lar.

A rota mais rápida? O caminho certo.

A sensação mais agradável? A paz interior.

A proteção efetiva? O sorriso.

O melhor remédio? O otimismo.

A maior satisfação? O dever cumprido.

---

* MÚCIO, Padre Márlon. *Coragem para viver*. Mensagens e orações de Madre Teresa de Calcutá. Taubaté: Editora Missão Sede Santos, 2007.

A força mais potente do mundo? A fé.
As pessoas mais necessárias? Os pais.
A mais bela de todas as coisas? O amor.

Talvez você seja bem parecido com São Tomé, aquele pitoresco apóstolo que precisou ver para crer, mas que depois fez uma belíssima, sucinta e contundente profissão de fé em Jesus: "Meu Senhor e meu Deus!". Ganhei uma relíquia de São Tomé dos meus amados filhos espirituais Carol e Thomás, que foram rezar lá na Índia e, como sempre, pensaram em mim.

A relíquia se parece com um cartão de crédito! Fiquei aqui matutando: puxa vida, há pessoas que desperdiçam os créditos que conseguem com o Senhor (não é possível que você não tenha crédito nenhum com Ele!). Com esses créditos, poderiam quitar algumas de suas dívidas (que Jesus pagou de uma vez por todas na cruz com seu sangue), reparar um bocado de suas ofensas e até mesmo se poupar do purgatório (podendo tudo purgar nesta vida).

Esperto não é quem não sofre ou quem vive bem à custa do sofrer alheio. Esperto é quem sabe sofrer e oferece a Deus até mesmo o seu sofrer como maneira de fazer o bem e ganhar o céu, onde não haverá nenhum sofrer. Esperto é quem coloca um sorriso na boca mesmo quando os limões azedos são fartos no quintal da sua alma.

Preste atenção: na bolsa ou na carteira da sua alma, há muitos desses "cartões de crédito". Eles são suas cruzes, aproveite! Use-os sem moderação, pois eles não têm limite. Olha, só não faz o bem quem não quer, só não evangeliza quem não quer, só não se torna santo quem não quer, só não vai para o céu quem não quer. Amém?

Se você tem tantos limões no pomar da sua vida, por que guardá-los, por que deixar que apodreçam no pé ou que sejam vitimizados por pulgões ou alguma outra praga? Com tantos limões que a vida nos dá, só não faz limonada quem não quer, só não fica bom quem não quer, só não sorri quem não quer, só não entra no céu quem não quer! E só vai para o inferno quem quer.

Na escola, fui alfabetizado com a cartilha *Caminho suave*. Talvez você também. Alguém se lembra dessa cartilha? Tenho saudade dela. O nome dessa cartilha me faz pensar um pouco na vida. A minha vida e a da minha família nunca foram fáceis. Porém, embora o caminho nunca tenha sido suave, ele sempre foi abençoado e feliz. Assim é a vida do cristão, assim é a vida em Jesus: o caminho não é suave, mas Jesus nos dá toda a assistência – e Maria passa à frente! Amém?

Doença não é praga, é visita de Deus! Crises não são pragas, são oportunidades. Pelejas não são maldições, são sinais de que você está vivo. Limão não é praga, é fruta! Por isso, nada de cara de limão azedo. Por favor, mesmo que te falte algum dente, encha a sua boca com um sorriso, como gosta de dizer o meu amado diácono Nelsinho Corrêa.

Há pouco tempo, resolvi pedir perdão nas redes sociais a quem porventura pudesse ter achado que eu havia estragado seu *feed* ou, de alguma maneira, tivesse se entristecido com uma publicação minha. Fiz isso porque uma seguidora deixou esta ordem para mim nos comentários: "Tira essa foto de morte".

Cheguei a pensar que poderia ter sido um erro de digitação dela ou uma pegadinha do corretor ortográfico. Como eu disse que não tinha entendido, ela tratou de explicar: "Fica muito triste e cansativo (sic) sua imagem assim". Ela estava se referindo à máscara no meu rosto, ligada ao respirador mecânico. Naquela ocasião, eu ainda não estava traqueostomizado e usava uma máscara facial para respirar.

Eu poderia ter respondido diretamente a ela, em privado ou não, ou a ter "cancelado", como se faz hoje em dia, ou ainda ter deixado isso para lá. Bom, não tenho mágoa dessa irmã e não pretendo expô-la com este relato. Entrei em sua página nas redes sociais, vi que ela se diz católica e a abençoo. Aliás, sou grato a ela pela oportunidade que me deu. Eu busco escrever diariamente nas redes sociais porque escrever me cura – e, por incrível que pareça, cura muitos outros também. Louvores a Deus por isso!

É verdade que a sociedade tem lá o seu padrão de beleza, mas eu não pertenço a essa sociedade. Aliás, se eu, padre, buscasse o padrão de beleza física deste mundo, ficaria muito feio para mim. Se eu, padre, ficasse nas redes sociais tratando de assuntos que não têm nada a ver com a vida de um padre e despertando desejos pecaminosos nos fiéis, seria ridículo para mim; e eu me tornaria um emissário do diabo, um joguete de satanás.

Na verdade, frente à enfermidade, só tenho duas opções. A primeira é ficar entocado no quarto e imóvel na cama, com cara de limão azedo, triste e abatido, amargurado e "amargurento", para não enfear a minha imagem e não perturbar quem busca imagens bonitas, mesmo que seja as de um padre missionário.

A outra opção é tocar a vida com fé e alegria, com amor e generosidade e de cabeça erguida, mesmo quando caída. Eu poderia me entregar ao vitimismo ou brigar com Deus e o mundo. Não tenho culpa, minha gente, mas sou feliz e recebo muitos, mas muitos testemunhos decorrentes da decisão que tomei de não me esconder e de não esconder a minha enfermidade. Recebo inúmeros comentários bacanas, e eles não vêm só de católicos ou só de cristãos.

"Infelicidade é sintoma de desajuste. Esse sistema de valores poderia ser responsável pela circunstância de o fardo da infelicidade inevitável ser acrescido da infelicidade pelo fato de a pessoa ser infeliz", disse o dr. Viktor Frankl.

Amo a vida e escolhi viver! Mais uma vez, agradeço sinceramente à minha seguidora pelos insistentes e impertinentes comentários que ela fez e pela oportunidade que me deu. E peço perdão se, na página deste padre nas redes sociais, ela e você queriam ver outra imagem. Essa é minha imagem, minha imagem de vitória. Amém?

Agradeço também ao meu amado filho Marcelo Gaspar, minha alma na internet, e ao Paulo Moraes pelas preciosas dicas de como evangelizar no areópago virtual. Com a graça de Deus e com a ajuda deles tenho, da cama, evangelizado o Brasil e o mundo através do mundo virtual.

O paladar é uma questão pessoal. Para algumas pessoas, o limão parece mais ácido que para outras, ou seja, a experiência de cada um não depende só da fruta. Porém, saiba que o limão do qual estou tratando pede seu perdão. E por falar em perdão, preciso confidenciar a você: não sou a pessoa mais sofrida da face da terra, mas, se eu não soubesse perdoar os meus limões, já teria morrido há muito tempo.

"É grande a variedade dos pecados. A Sagrada Escritura fornece-nos várias listas. A Epístola aos Gálatas opõe as obras da carne aos frutos do Espírito: 'As obras da natureza decaída ('carne') são claras: imoralidade, impureza, libertinagem, idolatria, feitiçaria, inimizades, discórdias, ciúmes, fúrias, rivalidades, dissensões, facciosismos, invejas, excessos de bebida e de comida e coisas semelhantes a estas. Sobre elas vos previno, como já vos tinha prevenido: os que praticam ações como estas, não herdarão o Reino de Deus' (Gl 5,19-21)." (Catecismo da Igreja Católica, 1.852)

Enquanto escrevo, eu me lembro de Santo Antão, pai de todos os monges, que viveu no século III. Esse egípcio foi um líder de destaque entre os Padres do Deserto e lutou bravamente contra as obras da carne em si e em quem o procurava. Foi um grande exorcista e muitas vezes viveu junto das árvores, afastado de tudo e de todos. Que Deus nos poupe, por intercessão de Santo Antão, de toda cara feia e mal-humorada, da cara de pau, de sermos "santos do pau oco", do coração indiferente à dor do irmão e de termos cara de limão azedo. Amém?

Ai de mim se eu não chupar esses limões!

"Vejo que só o sofrimento pode gerar almas." (Santa Teresinha do Menino Jesus)

"Devemos transformar os aspectos negativos da vida em algo construtivo." (Viktor Frankl)

Continua me falando muito alto este versículo da Primeira Carta de São Paulo aos Coríntios: "Anunciar o Evangelho não é glória para mim; é uma obrigação que se me impõe. Ai de mim, se eu não anunciar o Evangelho!" (1Cor 9,16).

Essa palavra fala alto comigo desde a minha adolescência. Fala alto há 22 anos, desde que o bom Deus me deu a graça de ser ordenado padre, no ano 2000, no Santuário de Santa Teresinha, aqui em Taubaté – o primeiro do mundo erguido em honra dela e onde tive a graça de ser vigário paroquial do grande e saudoso monsenhor José Oswaldo Clemente.

Creio que mesmo após minha partida essa palavra de São Paulo continuará falando alto comigo. No céu, continuarei sendo missionário! Passarei o meu céu, assim como a madrinha Santa Teresinha do Menino Jesus e ao lado dela, fazendo o bem sobre a terra. Quem ama não morre. Quem tem um porquê não morre. Aquele que não ama e não sonha já está morto.

É sempre assim: quando chego à UTI de ambulância, se consigo, faço logo um pedido. Se não, já deixo combinado com a minha família para transmitir o meu desejo: peço que evitem ao máximo me intubar, pois não posso ficar um dia sequer sem celebrar a Santa Missa, porque dela colho uma grande força, força que não tenho... força de que preciso.

J. R. R. Tolkien participava da Santa Missa diariamente. O autor de *O senhor dos anéis* recebia a Eucaristia todo dia. Foi justamente isso que fortaleceu a fé de Tolkien durante os tempos tão difíceis que viveu: ele lutou na Primeira Guerra Mundial e ainda testemunhou os terrores da Segunda Guerra, sobreviveu à epidemia de gripe espanhola e aguentou a Grande Depressão. Em meio a tudo isso, Tolkien manteve o salutar hábito de participar da missa diária.

Em uma carta ao seu filho Michael, o consagrado escritor reiterou: "A única cura para a flacidez da fé fragilizada é a Comunhão. Embora seja sempre Ele mesmo perfeito, completo e inviolável, o Santíssimo Sacramento não opera completamente e de uma vez por todas em nenhum de nós. Como o ato de fé, ele deve ser contínuo e crescer pelo exercício. A frequência traz o efeito mais grandioso. Sete vezes por semana é mais nutritivo do que sete vezes em intervalos".

É por isso que eu celebro diariamente a Santa Missa, minha gente! É por isso que eu prego! Entenda: nem sempre estou disposto, mas procuro sempre estar disponível. Houve muitos momentos ao longo de toda a minha vida – e nos últimos tempos tem sido assim – em que não estive nada disposto, mas tentei estar disponível. Creio que o bom Deus fez de cada um de nós uma palavra disponível para os outros. Como fechar, então, os lábios, o coração e a vida? Como guardar os dons que Deus nos deu na gaveta e o dom da vida nos porões da história? Como deixar de viver enquanto se está vivo?

Não é fácil nem gostoso. Confesso que não foi com este púlpito que eu sonhei: a cama hospitalar. Mas Jesus pregou do ambão da cruz! Busco, então, pregar da minha cama. E olha que Jesus ainda foi muito generoso comigo, porque a minha cruz é muito mais confortável que a d'Ele, você não acha? Cá entre nós, a sua cruz também é muito mais aconchegante e agradável que a d'Ele.

Olho para algum dos crucifixos nas paredes do meu quarto e digo para o Senhor Jesus (aprendi com o meu grande amigo Padre Afonso

Lobato, que, por sua vez, aprendeu com a irmã Alfonsina, FMM): "Jesus, Tu estás na vertical por causa de mim, e eu estou na horizontal por causa do Senhor". Como poderia alguém ser orgulhoso? Dizia o Beato Pierre Vigne: "Você está sendo levado ao orgulho? Contemple o crucifixo!".

Nada mexe mais comigo como o anúncio do Evangelho de Jesus Cristo. Mexe muito mais que a doença, mais que as minhas dores, mais que a minha fraqueza física e a minha fadiga crônica, mais que as minhas angústias.

Tornar Jesus mais conhecido, amado, seguido e adorado é o que verdadeiramente me move. O sofrimento da humanidade é o que me move. Eu me movo nesta cama e me movo desta cama, da qual não me movo. Eu, pelo Espírito de Deus, movo esta cama. Como Santa Teresinha, tenho em mim "infinitos desejos" pela salvação das almas e "gostaria de ter sido missionário desde a criação do mundo até a consumação dos séculos". Amém?

Você e eu podemos frustrar todos os nossos projetos e os projetos de outros para nós, mas não podemos frustrar os planos do Senhor para nossa vida! Ai de nós se mudarmos de calçada ou dobrarmos a esquina do viver quando virmos um pé de limão à nossa frente. Ai de nós se fingirmos que os limões não são nossos. Ai de nós se não chuparmos esses limões e ai de nós se não fizermos as limonadas necessárias!

Tomei uma decisão acertada sobre meus limões

"Bem ao contrário de me lamentar, alegro-me, porque o bom Deus me permite sofrer ainda por seu amor." (Santa Teresinha do Menino Jesus)

"Uma das principais características da existência humana está na capacidade de se elevar acima de suas condições, de crescer para além delas. O ser humano é capaz de mudar o mundo para melhor, se possível, e de mudar a si mesmo para melhor, se necessário." (Viktor Frankl)

Acertei não na mosca, mas nos meus limões. Acertei nos meus limões e eles me fizeram levar uma vida certa! Se quero me livrar da doença? É claro! Já te disse que sim, mas faz um bom tempo que tomei uma decisão: estou empenhado em conseguir mais que a minha cura. Estou dedicado a colaborar nas pesquisas para a cura dessa doença raríssima e devastadora chamada Deficiência do Transportador de Riboflavina (RTD), ou Síndrome de Brown-Vialetto-van Laere. Quero garantir mais vida para quem hoje tem a doença, sobretudo as criancinhas, e para as gerações futuras.

Colaboro diretamente nas pesquisas feitas em todo o mundo para buscar novos e mais eficazes tratamentos e encontrar a cura da doença. No final do ano de 2020, arrecadamos mais de 230 mil reais para as pesquisas. Em 2021, mais 45 mil reais. E no início de 2022, 35 mil. Mas ainda é muito pouco se considerarmos que para começar uma pesquisa de terapia gênica (para buscar a cura da doença) são necessários 13 milhões de reais.

Quem coordenou a campanha foi a Cure RTD Brasil, grupo de pacientes, familiares e amigos da RTD em nosso país. Todo o dinheiro foi enviado à Fundação Cure RTD dos Estados Unidos, que está – e somente ela, no momento – à frente das pesquisas.

Uma arrecadação tão expressiva em tempos tão difíceis é um verdadeiro milagre. Esse foi o resultado da nossa campanha em novembro de 2020, mês mundial de conscientização da RTD. E o milagre se torna ainda maior quando pensamos que muitas pessoas doaram cerca de 1 real! Convidamos as pessoas a doarem 1 real, e quem pudesse doar mais era convidado a fazê-lo. Foram 4.598 doadores. Com essa ajuda – que é permanente, pois a campanha só vai terminar quando descobrirmos a cura –, muitas vidas serão salvas. Cada real salva vidas!

Parafraseando o grande apóstolo São Paulo (1Cor 9,16), digo: "Ai de mim se eu não chupar esses limões!". Não é porque a vida tem me dado todos esses limões que posso me acomodar com eles. Mesmo estando deitado na cama o tempo todo, mesmo com dor, fraco e cansado, mesmo escutando menos ou enxergando menos, estou trabalhando – e muito – pela cura da RTD e de tanta gente ferida por tantos males nos nossos dias.

Sofrimento não se mede. A mesma doença, o mesmo dilema e a mesma cruz têm nuances, matizes, *dégradés* e subtons que são individuais. Cada pessoa é única; as mãos que se postam em oração, cada uma delas, têm calos únicos; cada joelho que se dobra é único; cada ombro que carrega a cruz é único.

Você também pode criar receitas mil com os limões do seu dia a dia. Você pode inventar e se reinventar. Isso é maturidade, é sinal de saúde da alma. Você pode ter uma doença e não ser um doente!

Mas olha, não é só o limão. O morango também tem me ensinado a viver. Você sabia que ele é uma das únicas frutas que têm as sementes do lado de fora? Quando você pega um morango, tem na mão inúmeros frutos ao mesmo tempo.

As sementes do morango são aqueles pontinhos amarelos ou pretos que você vê do lado de fora dele. Esses pontinhos são os verdadeiros frutos do morangueiro. Feliz é quem, assim como o morango, não esconde seus frutos, mas deixa suas sementes à vista de quem chega. Feliz é quem não esconde seus dons, quem não enterra seus talentos. Feliz é quem se descobre um dom de Deus e faz de cada possibilidade da sua vida muitas possibilidades para a vida alheia. Cada um de nós é um dom de Deus e tem muitos dons de Deus.

Digo a você, com largueza e humildade: pegue as minhas sementes! Pegue logo, me leve embora de mim, nunca mais me devolva para mim. Fique comigo para você. Pode ficar! Estarei para sempre com você.

O cristão não vive para si; o cristão vive para o outro. Esta vida serve para a gente semear, e ninguém ficará para semente. "Não nos cansemos de semear o bem", pediu o Papa Francisco.

Resolvi, não importam as circunstâncias, partilhar com largueza todas as minhas sementes, uma a uma. Para um, dou uma semente de paz; para outro, uma de esperança; para esse, uma de alegria; para aquele, uma de fé. Às vezes, a semente é até de cura; muitas vezes, ela ensina o que fazer com os limões da vida. Geralmente, a semente é de coragem mesmo.

Decidi ser como o morango e deixar as minhas sementes do lado de fora. E você?

Por falar nas sementes do limão, você sabia que tomar suco de limão com suas sementes cura dor de cabeça? Pois fazer uma boa limonada com os limões que a vida te deu também previne e cura muita dor de cabeça nesta vida. Uma vida iluminada é uma vida com boas limonadas!

Também mexe muito comigo este outro versículo de São Paulo: "Porém, a ciência incha, a caridade constrói" (1Cor 8,1b). Uau! Gente, o conhecimento, se não leva a Deus e ao irmão que sofre, não serve para nada. Aquele que sabe mais deveria servir mais; aquele que muito sabe deveria ser muito mais servo! De que adianta saber muito e amar pouco? De que serve falar bonito, mas não falar com Deus? Como viver de braços cruzados perante quem, perto ou longe, está sofrendo? De que adianta ser inchado de conhecimento e ser pão-duro na partilha do conhecimento e dos bens materiais?

Conhecimento sem caridade é, no meu entendimento, pura vaidade, dedicação infrutífera, *hobby* bobo e distração vazia. Meu corpo está enfermo, mas minha vida é profundamente curada quando a partilho. Tenho um corpo enfermo, mas uma vida sadia. Graças a Deus, sou como um morango, ou como uma refrescante limonada.

Como tudo passou rápido! Só não passou, graças a Deus, o meu amor apaixonado por Jesus, pela Igreja e pelo povo de Deus. Pelo contrário, só aumentou! Hoje sou só gratidão (aliás, sempre!). Gratidão da cabeça aos pés. Gratidão do mais profundo do meu ser, das dobras da alma até a flor da pele.

Meu Deus, sou padre há 22 anos! Há 22 anos tenho a Ti, Jesus, em minhas mãos. Há 22 anos Tu, Jesus, tens a mim em tuas mãos! Há 22 anos em Tuas mãos, Jesus, ponho vidas e histórias, o rumo da humanidade!

Sou grato ao bom Deus por Ele ter querido contar comigo mesmo sendo eu tão frágil, e isso me faz ainda mais apaixonado pelo Senhor e pelo meu ministério. Sou grato à sempre Virgem Maria; na minha vida, Maria passou à frente. Sou igualmente grato ao glorioso São José, à madrinha Santa Teresinha do Menino Jesus, ao meu pai espiritual Padre Pio, à minha "enfermeira" beata Alexandrina, a todos os santos, ao meu anjo da guarda e a todos os anjos de Deus.

Também sou grato à minha família de sangue e à minha família no sangue de Jesus: a Missão Sede Santos. Sou grato à Diocese de Taubaté. Sou grato àqueles que há 22 anos me ajudaram a chegar ao sacerdócio. Sou grato aos profissionais que cuidam da minha saúde e aos meus filhos espirituais, do mundo todo, por me sustentarem no combate. Por fim, sou grato a você que tanto reza e torce por mim e prolonga meus dias com suas orações e doações para o meu tratamento.

Posso testemunhar: sou um padre muitíssimo feliz. Se mil vidas eu tivesse, em mil vidas seria padre! Se mil vidas eu tivesse, mil vidas daria a Jesus, à Igreja de Jesus e ao povo de Jesus. Nenhuma, absolutamente nenhuma, eu pouparia. Penso que só me falta uma coisa: ser santo! Santidade: só isso eu busco, só isso me falta, só disso eu preciso.

Por favor, você pode rezar para eu ser santo? Vamos combinar assim: você reza para eu ser santo e eu te ensino o caminho do céu. Pode ser?

Você reza para eu ser santo e eu te ensino muitas e deliciosas receitas com limões. Amém?

"Sacerdotes, eu vos peço: sede pastores com cheiro de ovelhas", pediu o Papa Francisco. Em 1990, quando eu tinha 17 anos, em um Domingo do Bom Pastor ouvi, com os ouvidos da alma, Jesus me chamando para ser padre. E Ele me deixou bem claro: "Um médico para a cura do meu povo".

A voz de Jesus é inconfundível. Consigo ouvir aquele convite como se fosse hoje e tenho procurado, nessas duas décadas, responder com alegria e generosidade à mais solene e realizadora proposta que um homem pode receber do Senhor: ser padre!

"A fidelidade dos batizados é condição primordial para o anúncio do Evangelho e para a missão da Igreja no mundo. Para manifestar diante dos homens a sua força de verdade e irradiação, a mensagem de salvação deve ser autenticada pelo testemunho de vida dos cristãos: 'O testemunho de vida cristã e as obras realizadas com espírito sobrenatural são meios poderosos para atrair os homens à fé e a Deus'." (Catecismo da Igreja Católica, 2.044)

Eu fico com os limões, e você?

"Deus prova sempre aqueles que Ele ama." (Santa Teresinha do Menino Jesus)

"Você não é produto das circunstâncias, você é produto das suas decisões." (Viktor Frankl)

"Padre Márlon, será que essa sua dor não é psicológica?" Uma "profissional" da saúde, que "cuidava" de mim, me lançou esse disparate. Eu já estava tomando morfina de quatro em quatro horas. Preciso tomar muito cuidado com a morfina para ela não me levar a uma depressão respiratória, já que meu aparelho respiratório foi bastante afetado pela enfermidade.

É evidente que minha dor não era psicológica. Descobri, um pouco depois da cirurgia, que a minha traqueia estava desabada, toda inflamada e se fechando. Era um caso de estenose. Respondi à profissional com um leve e sincero sorriso, abençoando-a e amando-a.

Nos dias seguintes, ela apareceu se queixando de dor de ouvido. O que foi que eu fiz? Sugeri o meu otorrinolaringologista para cuidar dela e ainda disse que a consulta seria por minha conta.

Era a minha oportunidade de desforra! Mas Jesus, que é meu Senhor, nos ensinou a não pagar com a mesma moeda. Não, não pense que sou bonzinho. Eu quero ser santo! Por isso, preciso violentar meus instintos e em tudo agradar ao bom Deus fazendo o bem. Caso contrário, eu haverei de me perder e de levar muitos à perdição. Amém? Dom Bosco ensinou que um padre nunca vai sozinho para o céu; um padre sempre leva muita gente consigo. Mas Dom Bosco também ensinou que, da mesma forma, um padre nunca vai sozinho para o inferno; ele sempre leva muita gente consigo.

Você sabia que eu sou comendador? Sim, "comendador Padre Márlon Múcio". Depois de ser honrado com o título de "Cidadão Taubateano", recebi essa que é a mais alta honraria taubateana no ano de 2010, por iniciativa do meu saudoso "irmão" vereador Carlos Peixoto. Não me envaideço com a distinção; antes, dou louvores a Deus! Na ocasião, ofereci o título a Santa Teresinha, que me trouxe para Taubaté, e ao povo taubateano, que me acolheu e acolhe com tanto carinho há mais de vinte anos.

Você já sabe que gosto de brincar com as palavras. Então, para mim, comendador é "aquele que encomenda a dor". Assim me sinto: com essa comenda, sinto as dores do coração de Jesus e do coração do meu povo. Todo padre é, em si, um comendador, pois está dedicado à dor do seu povo, assim como os pais se dedicam aos filhos; no entanto, também os filhos precisam ser dedicados aos pais. Amém?

É isto: este comendador assegura que está dedicado à sua dor, viu? Por isso, conte comigo! E quero dizer mais: Jesus, o Comendador do Pai por excelência, carregou sobre si as suas dores (Is 53,4).

Eu prefiro a verdade nua e crua. E você? Prefiro a verdade da acidez dos limões à doçura acentuada dos caquis. Há uma famosa pintura que mostra a Verdade saindo de um poço, armada do seu chicote para castigar a humanidade. Em francês, essa pintura do artista francês Jean-Léon Gérôme se chama *La Vérité sortant du puits armée de son martinet pour châtier l'humanité*.

Esse quadro, datado de 1896, está ligado a uma parábola. Nele a Mentira, num belo dia, convence a Verdade a se banhar sem roupa num poço e, sorrateiramente, sai, veste as roupas da Verdade e foge. A Verdade, que não queria usar as roupas da Mentira, corre nua pelas ruas à procura dela. O mundo desvia o olhar e critica a Verdade, que segue andando nua em busca de suas roupas. Quanto à Mentira, ela continua abrindo caminhos com as roupas da Verdade, já que a maioria das pessoas a prefere, em detrimento da Verdade nua e crua.

Já dizia o Mestre Gonzaguinha:

"Eu só sei que confio na moça.
E na moça eu ponho a força da fé.
Somos nós que fazemos a vida.
Como der, ou puder, ou quiser."

Prefiro a Verdade nua e crua. Doa o que doer, custe o que custar, prefiro os limões. Fico com os limões, mesmo os mais ácidos. E você?

Não sou só comendador; pela graça de Deus, sou também fundador. Há quem pense que existe *glamour* em ser fundador de uma nova comunidade, de uma obra de Deus na Santa Igreja. Ledo engano! Se digo que COMENDADOR é aquele que ENCOMENDA A DOR, digo que FUNDADOR é aquele que FUNDA A DOR.

O fundador é o primeiro a sentir a dor da família missionária e eclesial e das vidas a Deus confiadas, por meio dele, tanto dentro da comunidade como fora dela (ou seja, membros e alcançados por aquele Carisma). Quando o fundador é padre, parece que isso é ainda mais forte.

Os padres fundadores das Novas Comunidades me dão muita força, e eu procuro também animá-los nas dores que sentem e trazem. Fazemos muitas limonadas juntos.

Repare neste trecho belíssimo de um dos sermões de Santo Agostinho de Hipona: "'Deus cura todas as tuas enfermidades' (Sl 103,3). Não temas, todas as doenças serão curadas. Dirás que são grandes; mas o Médico é maior. Para um Médico todo-poderoso não há doenças incuráveis. Deixa apenas que Ele te trate, não rejeites a Sua mão. Ele sabe o que tem a fazer. Não te alegres apenas quando Ele age com suavidade; aceita-o quando corta. Aceita a dor do remédio, pensando na saúde que vai te trazer".

"O Espírito Santo permite-nos discernir entre a provação, necessária ao crescimento do homem interior em vista duma 'virtude comprovada' e a tentação que conduz ao pecado e à morte. Devemos também discernir entre 'ser tentado' e 'consentir' na tentação. Finalmente, o discernimento desmascara a mentira da tentação: aparentemente, o seu objeto é 'bom, agradável à vista, desejável' (Gn 3,6), quando, na realidade, o seu fruto é a morte." (Catecismo da Igreja Católica, 2.847)

Mesmo com todo o dissabor, ainda fico com o sabor do limão. E você? Não confunda alhos com bugalhos, nem provação com tentação, nem limão com limonada. Você precisa passar pelo sofrimento... e fazê-lo passar!

Quem tem alguém para dessedentar suporta qualquer tipo de limão

"Não foi sofrendo e morrendo que Jesus resgatou o mundo?" (Santa Teresinha do Menino Jesus)

"Tudo pode ser tirado de uma pessoa, exceto uma coisa: a liberdade de escolher sua atitude em qualquer circunstância da vida." (Viktor Frankl)

"Com grandes poderes vêm grandes responsabilidades." Essa é minha frase preferida do Tio Ben, tio de Peter Parker, o Homem-Aranha. Essa frase lembra você de quê? A mim lembra muitíssimo este versículo do livro de Lucas: "Porque, a quem muito se deu, muito se exigirá. Quanto mais se confiar a alguém, dele mais se há de exigir" (Lc 12,48b). Tenho sentido isso na pele – ou, para ser mais exato, nos músculos, por conta da minha enfermidade.

Mas gosto também destas outras ideias do Amigão da Vizinhança, por achá-las muito verdadeiras, inclusive na minha vida, e bem de acordo com o Evangelho de Jesus:

"Temos de ser maiores do que aquilo que nos faz sofrer."

"Se alguém precisa de ajuda e você pode ajudar, tem a obrigação de fazê-lo."

"Todos os dias me levanto sabendo que quanto mais pessoas eu salvar mais inimigos eu farei."

"Podemos não ganhar todas as batalhas, mas devemos dar sempre o nosso máximo."

"Somos quem escolhemos ser. Por isso, escolha!"

"Às vezes, para fazer a coisa certa, é preciso ser firme e desistir daquilo que mais queremos. Até dos nossos sonhos!"

"Se você quer a verdade, corra atrás dela."

Todo mundo já sabe que eu gosto demais do Homem-Aranha. Ele é o meu super-herói favorito; acho que é o meu *alter ego*. Tenho camiseta, cobertor, caneca, chinelo, *pen drive* e mais um bocado de artigos dele. Se você quiser me dar algum presente do Homem-Aranha, não vou achar ruim. Muito pelo contrário: nos últimos anos, ele foi até o tema das minhas festas de aniversário.

Que Jesus, nosso verdadeiro herói, nos ajude a levar a vida de maneira heroica, exercendo com heroísmo as virtudes cristãs. Os santos assim o fizeram, e é preciso que também o façamos para sermos santos – que é a vocação de todos nós. Na esteira de Jesus, eles são os modelos que temos para imitar. Os santos são os nossos heróis no grande Herói, que é Jesus. Imitemos os santos a fim de vencermos a nós mesmos, o pecado, o diabo e o mundo. Deus nos chama para sermos heróis. Amém?

A vida de Peter Parker era uma sucessão de limões bem azedos: ele era muito tímido, tinha dificuldade para se manter no emprego e para conquistar a garota que amava, perdeu o tio por quem tinha tanta admiração. Peter não é musculoso como a maioria dos super-heróis, mas transformou os seus muitos limões em uma deliciosa limonada. Era isso que fazia bem a ele e o movia. Posso dizer de mim mesmo: me tirem o ministério sacerdotal, e eu morro! Não sou nada senão um simples padre. Um padre muito feliz? Sim, mas um simples padre.

No começo da piora dos meus sintomas, perguntei ao meu caríssimo bispo diocesano Dom Wilson Luís Angotti Filho se ele permitiria que eu fizesse do jeito que eu podia o que eu tinha de fazer como padre. Ele me deu a sua bênção, a bênção da Igreja. Foi ele quem me disse, numa das suas muitas visitas aqui em casa: "Padre Márlon, Deus nos ama escandalosamente!". E eu creio profundamente nisso. Experimento isso nos meus músculos cansados, no âmago do meu ser, nos meus átomos.

Todas as manhãs, acordo com sono, muito sono, geralmente bem cansado, como se um trator tivesse passado por cima de mim. Muitas vezes, acordo só para voltar a dormir, mas acordo. Durmo padre e acordo padre.

Não é o muito fazer, mas o fazer tudo com muito amor que nos salva e agrada a Deus, assegurou Santa Teresinha do Menino Jesus, a menina que deu passos de gigante. Em seu exame de admissão no Carmelo de Lisieux, Santa Teresinha respondeu à madre: "Vim para salvar almas e rezar pelos padres!". Ela tinha pelo que viver, pelo que sofrer, pelo que morrer. Ela tinha uma causa.

Ensinou o meu amigo dr. Viktor Frankl: "Quem tem um porquê suporta qualquer como". Peter Parker tinha um porquê. Eu tenho um porquê. Você tem um porquê?

Quem tem um porquê suporta qualquer tipo de limão; quem não tem nada a perder, nada suporta. Quem tem um porquê vai além dos seus limões. Quem é de Deus se aproxima d'Ele por conta de suas cruzes e das cruzes alheias.

Há uma música de que gosto muitíssimo, que é tocada no filme *Titanic* pelos músicos a bordo quando o navio afundava. Trata-se de uma composição de Sarah Flower Adams, feita no século XIX, e que hoje integra a Harpa Cristã.

Sobreviventes do naufrágio, que aconteceu em 1912, afirmam que a pequena orquestra comandada por Wallace Hartley tocava o hino religioso "Nearer, My God, To Thee" ("Mais perto de ti, Deus meu", em tradução livre) enquanto os passageiros procuravam os botes salva-vidas. Hartley e seus sete colegas da banda morreram após decidir continuar a tocar.

Tenho um grande amigo evangélico, pastor Wilddes Marcelo, que mora em Arapiraca, no estado de Alagoas. Temos altas conversas espirituais e fraternas. Inclusive, ele já me visitou em internações na UTI. Certa vez, me mandou um vídeo cantando para mim a música que acabo de mencionar, em português. Ela começa assim:

"Mais perto quero estar
Meu Deus, de Ti
Mesmo que seja a dor
Que me una a Ti".

"A fortaleza é a virtude moral que, no meio das dificuldades, assegura a firmeza e a constância na prossecução do bem. Torna firme a decisão de resistir às tentações e de superar os obstáculos na vida moral. A virtude da fortaleza dá capacidade para vencer o medo, mesmo da morte, e enfrentar a provação e as perseguições. Dispõe a ir até à renúncia e ao sacrifício da própria vida, na defesa duma causa justa. 'O Senhor é a minha fortaleza e a minha glória' (Sl 118,14). 'No mundo haveis de sofrer tribulações: mas tende coragem! Eu venci o mundo!' (Jo 16,33)." (Catecismo da Igreja Católica, 1.808)

Quem tem sede suporta qualquer tipo de limão. Quem tem alguém para dessedentar suporta qualquer tipo de limão! Jesus deixou claro que teríamos tribulações (Jo 16,33), mas nos ornou com o dom da fortaleza, da coragem apostólica, para vencermos as provações e resistirmos às tentações. É com essa garantia que, ao buscarmos ser bons e fazer o bem, damos sentido à nossa vida e à vida alheia.

A limonada compensa o limão

"Sofro apenas cada instante. É porque pensamos no passado e no futuro que nos desencorajamos e desesperamos." (Santa Teresinha do Menino Jesus)

"A morte só pode causar pavor àqueles que não sabem como preencher o tempo que é dado para viver." (Viktor Frankl)

Não tenho medo de morrer! Tenho medo é de não viver. Tenho medo de não viver cada segundo da vida linda e abençoada que Deus me deu. Tenho medo de não viver cada oportunidade que o Senhor me dá a cada manhã, a cada instante. Tenho medo de não viver o dia de hoje. *Só tenho o dia de hoje*; vivo cada dia pensando assim. É o que aprendi com a madrinha Santa Teresinha do Menino Jesus e da Sagrada Face.

Um filme do James Bond que me define bem é o *007: sem tempo para morrer*. Tem gente que acha que eu, porque fico na cama, durmo dia e noite sem parar. Ledo engano! Eu sou assim: "007: sem tempo para pecar" (não sei como tem gente que ainda acha tempo para o pecado) e "007: sem tempo para ficar doente". Tenho uma doença, mas não sou um doente. Tenho tanta coisa para fazer... graças a Deus, estou cada vez mais ocupado com a cura das almas e com o Senhor.

Não me preocupo com o amanhã; eu me ocupo com o hoje. Então, bora viver, minha gente! Com quem aprendo essas coisas? Com os santos, os meus grandes amigos, Eles, sim, viveram bem... e não morreram. Os santos não morrem! Morre apenas quem já estava morto, quem não viveu para Deus e para os irmãos.

Eu me lembro de uma senhora chamada Ângela. Eu a conheci logo que cheguei em Taubaté, vindo de São Paulo. Ela enfrentou recorrentes tipos de câncer e sempre estava feliz, andava bem arrumada e participava de todas as festas familiares. Ângela me dizia: "Padre Márlon, só vou morrer quando eu morrer". Eu também penso assim.

Santo André de Montreal, o "Colecionador de Muletas", devotíssimo do glorioso São José, afirmava: "Quando alguém faz o bem sobre a terra, isso não é nada em comparação ao que poderá fazer no céu". Vou além: nem quando eu morrer estarei morto, pois, quando eu morrer, passarei o meu céu fazendo o bem sobre a terra ao lado da madrinha Santa Teresinha.

No céu, como dizia o Padre Pio, também devotíssimo de Santa Teresinha, farei mais barulho do que agora. Venderei mais livros do que agora, serei mais assistido na internet do que agora, serei levado muito mais a sério do que agora. Sei que muitos dirão: "Nossa, eu gostava tanto dele...". Sei disso. E também, como o Padre Pio e ao lado dele, ficarei na porta do céu até o último dos meus filhos chegar (são tantos!). Eu bem que poderia querer descansar no céu, não é mesmo? Parece até justo, já que sofro de uma fadiga crônica, mas não quero, não.

O desejo de salvar almas me consome. Na minha certidão de óbito não constarão as consequências da minha doença, a RTD, mas sim esta causa: "Morreu de tanto amar a Igreja e os irmãos. Morreu de tanto amar os padres, os pobres e os doentes. Morreu de amor!". A beata Imelda Lambertini morreu aos 11 anos, após fazer a Primeira Comunhão. Morreu de amor! Quanto a mim, morrerei por ter buscado viver em comunhão com a Igreja... também morrerei de amor!

Dizia a minha "enfermeira", a beata Alexandrina de Balasar, e com ela digo: "Só por amor me deixei ferir. Só por amor meu coração sangra. Só por Ti, Jesus, a dor tem doçura. Só na cruz contigo se me alegra a alma!". A bem-aventurada Alexandrina era muito devota de Santa Teresinha do Menino Jesus.

No dia 30 de setembro de 1897, na cidade francesa de Lisieux, morreu Santa Teresinha do Menino Jesus e da Sagrada Face, "a maior santa dos tempos modernos", como disse São Pio X; a santa mais amada em todo o mundo!

Era uma quinta-feira, os ponteiros do relógio apontavam 19h20. Depois de muito sofrer, finalmente Santa Teresinha entrou no céu. Ela tinha apenas 24 anos de idade e nove anos de convento. Suas últimas palavras na enfermaria do Carmelo de Lisieux foram: "Ó, meu Deus, eu vos amo!".

Santa Teresinha comparava a morte a um ladrão que vem nos assaltar: nunca se sabe quando ele virá. Então, ela dizia já estar com as janelas e portas bem abertas para facilitar o trabalho do Divino Ladrão. Santa Teresinha afirmou: "Não morro, entro na vida!". Ainda assegurou que, se fosse necessário, estaria disposta a morrer cem vezes para salvar uma única alma. Quero ser como Santa Teresinha.

Vendo que a morte estava chegando, a nossa Santinha disse: "Agora, sim, vai começar a minha missão: a missão de amar a Jesus e de torná-lo amado". E também: "Passarei o meu céu fazendo o bem sobre a terra". E garantiu aos que pedissem a sua intercessão: "Eu mesma descerei".

A Igreja celebra a festa dos santos geralmente no dia da sua morte. Como Santa Teresinha faleceu no dia 30 de setembro, na festa de São Jerônimo, a sua festa ficou para o dia seguinte, 1º de outubro. Seu enterro aconteceu no dia 4 de outubro, na festa de São Francisco de Assis.

Santa Teresinha desejou que, em vez de comprarem flores para o seu velório, juntassem o dinheiro e o enviassem para os necessitados da África. Daqui a pouco conto para você esse meu desejo. Amém?

Há uma jovem esposa que tem impactado o mundo com seu testemunho e sorriso. É a serva de Deus Chiara Corbella Petrillo, uma jovem mãe de família que entrou no céu com apenas 28 anos de idade. Ela viveu o extraordinário no ordinário, nas coisas comuns do dia a dia. Por conta disso, já existe um processo pedindo a sua beatificação.

No dia anterior à sua morte, Enrico, marido de Chiara, perguntou a ela: "Você está com medo?". Ela respondeu: "Sinceramente, não". Ela não tinha nenhum medo de morrer, pois não tinha dúvida no coração de que o Senhor a esperava. Em seu último dia, Enrico perguntou: "Escuta, Chiara, essa cruz é realmente doce, como diz o Senhor?". Ela olhou bem nos olhos dele, sorriu e, com a voz quase inaudível, disse: "Sim, Enrico. É realmente doce!". Nossa limonada pode ser doce.

"A beleza salvará o mundo", escreveu Dostoiévski. Sim, mas qual beleza? A beleza de um rosto feliz no sofrimento. É a face de Jesus nesse rosto! Essa é a beleza que a jovem mãe Chiara nos mostrou.

Em 2016, tive uma "experiência de quase céu", ou uma EQC, como gosto de chamar. Em uma das minhas internações, fui levado pelos meus santos de minha devoção (e olha que são muitos!) ao céu. Vi os portões celestiais. Altos, áureos, fortes, firmes. Belíssimos! Estavam entreabertos. A abertura era estreita, mas deu para ver que estavam abertos. Ou talvez seja porque a abertura é estreita mesmo, como Jesus bem nos alertou (Mt 7,13). Pensei que eu conseguiria entrar, mas não entrei. Fui barrado no baile! Bati com a cara na porta.

Para mim, não se tratou de uma das conhecidas EQM (experiências de quase morte), mas sim de uma EQC. Até hoje, nenhum médico chegou a me desenganar, não entrei em coma, não tive nenhuma parada cardiorrespiratória, não fui intubado, mas tive essa "experiência de quase céu". Pela fé eu o afirmo! Logo que tive alta hospitalar, partilhei com uma psiquiatra e com alguns outros médicos o que aconteceu. Eles acreditaram que era possível, sim, eu ter tido aquela experiência. Claro, partilhei também o ocorrido com alguns padres, com meu diretor espiritual e com pessoas de vida de oração.

Podem me chamar de lunático ou até de fanático, mas são essas experiências, e o que colhi delas, que dão sentido à minha vida. Segundo o dr. Viktor Frankl, "o logos é mais profundo do que a lógica".

Os mesmos santos que me levaram ao céu me trouxeram de volta. Talvez você diga: "Padre Márlon, o senhor voltou porque a sua missão ainda não terminou!". Foi exatamente isso que o monsenhor Jonas Abib me disse. Mas esse não foi o único motivo. Os santos me disseram também: "Você não está preparado para entrar. Ainda precisa melhorar muito…". Por essa sentença, confesso que eu não esperava. Mas, eu precisava dela.

"Podemos, portanto, esperar a glória do céu prometida por Deus àqueles que O amam e fazem a sua vontade. Em todas as circunstâncias, cada qual deve esperar, com a graça de Deus, 'permanecer firme até o fim' e alcançar a alegria do céu, como eterna recompensa de Deus pelas boas obras realizadas com a graça de Cristo. É na esperança que a Igreja pede que 'todos os homens se salvem' (1Tm 2,4) e ela própria aspira a ficar, na glória do céu, unida a Cristo, seu Esposo (…)." (Catecismo da Igreja Católica, 1.821)

Depois da limonada do céu é que o limão desta vida fica, de fato, bom. Viver vale a pena pela vida eterna. A limonada compensa o limão. O céu é a recompensa do cristão e de quem tem bom coração!

O azedume do limão nos dá forças

"Não sou de todo infeliz. O bom Deus me dá justamente o que posso carregar. Ah, sofrer na alma, sim, posso muito! Porém, quanto ao sofrimento do corpo, sou tal como uma criancinha bem pequena. Estou sem ideia, sofro de minuto em minuto!" (Santa Teresinha do Menino Jesus)

"Se você não sabe qual é sua missão na vida, já tem uma: encontrá-la." (Viktor Frankl)

FORCA ou FORÇA? Em um dia desses, eu estava passando por uma grande provação. Em dado momento, meio sem FORÇA física, cheguei a perguntar ao Senhor: "Será a minha traqueostomia, esse colar dela que trago no pescoço, uma FORCA?". Foi então que Jesus me respondeu: "Meu filho, faça da sua FORCA a sua FORÇA". Fiz o que o Senhor me mandou e a paz de Deus ganhou novamente o meu pobre coração. Uma cedilha cheia de fé mudou todo o sofrimento de um padre! O que acha de você também transformar a sua FORCA em FORÇA?

Eu, por exemplo, sou um padre de dificílimo acesso. Chama-se de acesso aquela via de administração medicamentosa diretamente na nossa veia. Quando sou internado, as enfermeiras passam um grande aperto comigo, porque minhas veias são muito difíceis: é difícil pegá-las e é difícil mantê-las depois que são acessadas.

Mas, tirando isso, graças a Deus, em tudo o mais sou de fácil acesso. Não sou difícil nem com Deus nem com os irmãos. Não sou de difícil trato. Sabe de uma coisa? Nem as situações nem ninguém são FORCA para nós. Em tudo e de tudo podemos colher FORÇA.

Disse Jesus: "Eis que estou à porta e bato: se alguém ouvir a minha voz e me abrir a porta, entrarei em sua casa e cearemos, eu com ele e ele comigo" (Ap 3,20). No momento da alta hospitalar, sempre tiram o meu acesso. Mas costumo dizer a Jesus: "Senhor, Tu sabes: Te dou todos os acessos à minh'alma e ao meu coração. E, se Tu quiseres, aceito ser Teu acesso ao coração de cada pessoa. Amém".

Certa feita, eu estava em um acampamento de oração da Canção Nova em Belém do Pará. Tinha muita dificuldade para andar e fraqueza no quadril. Sentia dores nas pernas. Já eram sintomas de minha doença. Lá o Senhor me disse: "Padre Márlon, a sua doença é para a sua cura!". Depois, em outro acampamento, em Cachoeira Paulista, o Senhor me assegurou: "A sua doença é para a sua cura e também para a cura de uma multidão". Eu já tinha sentido essa fraqueza e dor nas pernas e na cintura quando estava em missão na Tanzânia, no leste da África. Pensava que era porque eu queria dançar todas as danças daquele povo sofrido, mas com uma fé gigante.

Descobri, com o tempo, que a minha doença me tornava mais forte, apesar da fraqueza muscular descomunal que ela me traz. Minha doença me torna mais forte e torna a muitos outros mais fortes também. O azedume do limão nos fortalece quando fazemos dele uma limonada e prepara nosso paladar para as amarguras da vida. Os temperos da vida fizeram de mim uma pessoa de têmpera!

Ensinamento do Papa Francisco: "As testemunhas não se perdem em palavras, mas dão fruto. Não se queixam dos outros e do mundo, mas começam por si mesmas. Lembram-nos de que Deus não deve ser demonstrado, mas mostrado; não anunciado com proclamações, mas testemunhado com o exemplo".

Tomo medicamentos vinte vezes por dia. É isso mesmo que você leu: vinte vezes. E em cada uma dessas vinte vezes, tomo muitos medicamentos. No total, são 250 comprimidos por dia! Tomo todos pela sonda, diretamente no estômago, graças à gastrostomia, pois eu não conseguiria tomar tudo isso pela boca. Além dos medicamentos mais convencionais, para sintomas como dor e diarreia, tomo também alguns manipulados, de elevadíssimo custo, específicos para a minha doença raríssima.

Quando eu vi a extensão da lista dos medicamentos, que o meu maninho Paulo Gustavo organiza conforme as prescrições médicas, pensei: "Meu Deus! Preciso tomar remédio para viver, mas acho que vou viver para tomar remédio!". Então, tomei uma decisão acertada: cada vez que os remédios me forem administrados, farei uma oração.

Pronto, se eu já buscava rezar o tempo todo, agora tinha mais um motivo para rezar no ritmo da vida e viver no ritmo da oração, como nos ensina a nossa Comunidade Missão Sede Santos. Benditos medicamentos que me fazem viver... e rezar! Amém? Ah, benditos limões que nos fazem buscar a tão deliciosa limonada.

Pensar em tudo o que Jesus sofreu diminui o nosso sofrimento e nos traz alegria; é um remédio. Pensar em tudo o que o Verbo de Deus sofreu para encarnar, pensar no que Jesus sofreu no presépio, na vida todinha, na cruz... Pensar em tantos irmãos por quem Jesus sofre agora, pensar nas pessoas que passam fome, nos imigrantes e refugiados, nos cristãos perseguidos... Ah, meu sofrimento é muito pequeno, mas meu amor e minha entrega são verdadeiros.

Assim que chegou, a minha fisioterapeuta Camila me fez notar: "Nossa, padre! A sua pele está tão boa. O que o senhor está fazendo para ela ficar assim tão bonita?". Como ela já é de casa e me vê diariamente, na cama, brinquei (falando uma verdade): "Ah, menina! É simples: é só você tomar os 250 comprimidos que eu tomo todo dia!". Rimos muito juntos. A Camila coordena a minha equipe de saúde aqui em casa e já salvou a minha vida várias vezes. Tenho por ela uma gratidão enorme.

Não sei se estou mais bem-apessoado e bem-composto, mas que minha pele e meus cabelos mudaram, mudaram. Penso que justamente por conta dos muitos medicamentos. O que sei é que os corticoides me fizeram engordar trinta quilos, mas não estou nem um pouco em busca da beleza física. Creio que isso não combina muito com a vida de um padre. Quanto à beleza da alma, essa, sim, como a quero! A beleza da alma é Deus na alma.

Não estou preocupado em retardar o meu envelhecimento. Não tenho tempo para terapias anti-idade. Estou ocupado em apressar a volta de Jesus! Por isso, o que busco é ser belo para Deus e distribuir a beleza da vida n'Ele para o meu povo.

"As obras de misericórdia são as ações caridosas pelas quais vamos em ajuda do nosso próximo, nas suas necessidades corporais e espirituais. Instruir, aconselhar, consolar, confortar, são obras de misericórdia espirituais, como perdoar e suportar com paciência. As obras de misericórdia corporais consistem nomeadamente em dar de comer a quem tem fome, albergar quem não tem teto, vestir os nus, visitar os doentes e os presos, sepultar os mortos. Entre estes gestos, a esmola dada aos pobres é um dos principais testemunhos da caridade fraterna e também uma prática de justiça que agrada a Deus (…)." (Catecismo da Igreja Católica, 2.447)

Gente, diz aí: de que adianta ter uma pele de pêssego com o tão sonhado viço, para que servem a máscara de argan, de jojoba e de pepino, o botox e o colágeno, se a beleza que está debaixo da cútis não combina em nada com ela? Pele bonita e mãos feias, pouco ligadas às obras de misericórdia, mas cobertas com as luvas das "obras rancorosas". Risível é você, filho tão lindo de Deus, se comportar na vida como um filhote de cruz-credo, um estrupício. Livrai-nos dessa feiura, Senhor! Amém?

Ensinou o dr. Viktor Frankl: "Nada proporciona melhor capacidade de superação e resistência aos problemas e dificuldades em geral do que a consciência de ter uma missão a cumprir na vida". Um salve à limonada!

Limões que derrubam gigantes

"Sim, é terrível ser olhada com um sorriso quando se está sofrendo. Mas penso que Nosso Senhor na Cruz foi muito olhado assim, no meio de seus sofrimentos." (Santa Teresinha do Menino Jesus)

"A melhor forma de conseguir a realização pessoal é dedicarmo-nos a metas desinteressadas." (Viktor Frankl)

Quem me vê fazendo troça da doença ou até mesmo fazendo dela poesia pode pensar que sofrer é romântico ou que eu gosto de estar doente. Saboroso você sabe que não é. Afinal de contas, também a você o sofrimento não é teórico nem lírico, também a você ele não é estranho ou indiferente. Você sabe muito bem o quanto o sofrimento nos faz padecer, humilha e cansa, limita e muda a vida, a nossa rotina, nossos afazeres e nossos sonhos.

Brinco com a doença, rio dela, escrevo a partir dela porque isso me cura! Trolar a doença me cura, rezar na doença me cura, evangelizar a partir da doença me cura, escrever me cura, ler o que você comenta dos meus *posts* nas redes sociais me cura, viver o meu ministério na cama e a partir dela me cura. Ter esse humor britânico me cura (*wow*!). Ter uma doença, mas não deixar que a doença tenha a mim, me cura!

Minha doença não me adoece; ela me sara. Minha doença, pela graça de Deus, cura a muitos. Há doenças que vêm para a morte, mas a minha vem para a glória de Deus (Jo 11,4). Não viver em função da minha doença me cura, assim como não viver em função da minha cura! A mim traz cura viver em função dos enfermos, de perto e de longe; viver em função daqueles que o bom Deus deita, noite e dia, ao ladinho da minha cama; viver em função daqueles que repousam em camas junto às quais o Senhor me permite deitar.

Lá no Evangelho, para chegar até Jesus, um paralítico foi conduzido deitado pelo telhado de uma casa (Lc 5,17ss). Hoje, este "paralítico" aqui, para fazer Jesus chegar até as suas paralisias, não sai de casa e chega deitado até você pela Santa Missa, pelo Santo Rosário, pelo celular, por este livro. Bendita doença que cura a todos nós! Amém?

Benditos sejam os limões do nosso dia a dia, que nos amargam e despertam para a busca da doçura, para nós ou para os outros.

Meu irmão me perguntou como eu suporto todos aqueles apitos da UTI no meu ouvido. Sempre tem um apito. Tem hora em que parece que tudo apita. No meu quarto também há apitos: alarmes do respirador mecânico e do oxímetro, a campainha sempre tocando e anunciando um profissional da saúde chegando...

Sou tentado, sim, a ficar irritado e a murmurar, mas criei aquilo que chamo de "esquema para salvar a minha alma enquanto no hospital ou em casa eles buscam salvar o meu corpo": toda vez que ouço um apito, faço uma oração; ou estou rezando a Missa, a Liturgia das Horas e o rosário, ou estou fazendo jaculatórias.

Apitou? "Jesus, eu confio em Vós!"; "Maria, passa à frente!"; "Jesus, manso e humilde de coração, fazei o meu coração semelhante ao Vosso"; "Ó, Maria, concebida sem pecado, rogai por nós, que recorremos a Vós"; "Senhor, põe teus anjos aqui!"; "Deus, os meus são Teus!"; "Meu Jesus, ouvi os nossos rogos pelas lágrimas de Vossa Mãe Santíssima!"; "Ó, Virgem dolorosíssima, as Vossas lágrimas derrubaram o império infernal"; e por aí vai. Peço por mim e intercedo pelo mundo. Rezo por todas as causas, situações e pessoas, em especial pelos pobres, pelos enfermos e pelos padres.

Meu irmão também me perguntou: "Em que hora não apita alguma coisa na UTI?". Contei a ele o que você também já sabe: é difícil mesmo haver um momento em que não se ouça um apito na UTI. Como rezo a cada apito, rezo o tempo todo! Eu me mantenho bem ocupado e isso ajuda muitíssimo no meu tratamento. Os apitos da UTI são, para mim, como os sinos das catedrais: me lembram de que sou miserável e de que necessito urgentemente rezar.

Meus limões da enfermidade – e outros, viu? Porque meus limões não se resumem à doença – são como as contas do meu rosário, são como as pedrinhas que uso para derrubar meus gigantes. Você se lembra das pedrinhas que Davi sacou do seu alforje para dar um jeito em Golias? (1Sm 17).

Uma vez, eu estava no retiro dos padres da nossa amada Diocese de Taubaté quando o Senhor me falou: "Você pregou e prega a minha Palavra, filho. Agora, quero que você seja a minha Palavra pregada, crucificada".

> "Uma vez que Cristo morreu por nós por amor, quando nós fazemos memória de sua morte no momento do sacrifício, pedimos que esse amor nos seja dado pela vinda do Espírito Santo; suplicamos humildemente que, em virtude desse amor pelo qual Cristo quis morrer por nós, também nós, recebendo a graça do Espírito Santo, possamos considerar o mundo como crucificado para nós e sermos nós próprios crucificados para o mundo; (...) tendo recebido o dom do amor, morramos para o pecado e vivamos para Deus." (Catecismo da Igreja Católica, 1.394)

Você também tem gigantes para derrubar? Não se esqueça de que, pelos seus limões, você é um *guibor*! Seus limões derrubam gigantes; seus limões fazem de você um gigante. O que você está esperando para atirar os seus limões nos seus gigantes ou espremê-los e fazer deles uma revigorante limonada para você, em meio à peleja cotidiana? Vivamos como crucificados para o mundo, e os nossos pecados não crucificarão, outra vez mais, a Jesus, Nosso Senhor.

O limão é o seu rei?

"Sou aquele pequenino que subiu ao colo de Jesus, que estica tão gentilmente sua perninha, que levanta sua cabecinha e que o acaricia sem nada temer." (Santa Teresinha do Menino Jesus)

"Ninguém tem o direito de praticar injustiça, nem mesmo aquele que sofreu injustiça." (Viktor Frankl)

Quem manda em você? Quanto a mim, não mando, sou mandado. Não, não sou um pau-mandado, mas sou um padre mandado. Não faço tudo o que gosto, tampouco tudo o que me mandam, mas busco fazer tudo o que Deus e a Igreja me pedem. Procuro fazer tudo o que a salvação das almas me exige. Por isso, abri mão dos louros e da fama deste mundo, dos seus títulos e de suas coroas.

Nesse campo, uma das minhas inspirações é o Beato Carlos da Áustria, um rei santo falecido em 1922, com apenas 34 anos de idade. O rei Carlos buscou em tudo fazer unicamente a vontade de Jesus, o Rei dos Reis. Isso custou a ele o exílio e a morte prematura na pobreza. Por conta do seu empenho pela paz, sensível ao desejo do Papa Bento XV, durante a Primeira Guerra Mundial, foi incompreendido e ridicularizado.

O Beato Carlos foi um extraordinário pai de família e esposo. Ele e a serva de Deus Zita tiveram oito filhos. Era um católico convicto e fervoroso, que não escondia de ninguém a sua fé. Chegou a dizer: "Deus me deu graça de que, sobre a terra, não exista mais nada que eu não esteja pronto a sacrificar por seu amor, para o bem da Santa Igreja". Ofereceu a vida pela paz, perdoando os seus algozes.

Recordou, no leito da morte, o lema da sua vida: "Todo o meu empenho é sempre, em todas as coisas, conhecer o mais claramente possível e seguir a vontade de Deus, e isso da forma perfeita". Aquele rei tinha unicamente a Cristo por Rei.

O Beato Carlos nunca perdeu o fio da meada. Eu também não perco o fio da vida e da meada por conta de um fio. O dr. Felipe de Jesus Gonçalves, que cuida de mim na UTI com tantos outros médicos, em uma das muitas visitas que me faz, disse: "Quantos fios, Padre Márlon! Quantos fios ligados no senhor. Perdoe-nos, mas são necessários ainda mais fios. O senhor permite que coloquemos mais uns fiozinhos aí?". O dr. Felipe é um dos médicos que salvaram a minha vida. Ele se tornou *mermão*, como se diz lá no seu Rio de Janeiro. Salvou minha vida juntamente com a enfermeira Mayra Nascimento e toda uma equipe muito numerosa, competente e carinhosa do Hospital viValle, de São José dos Campos, onde tenho sido constantemente internado desde novembro de 2020.

Prontamente concordei: "Quantos forem necessários, doutor! Costumo ser um paciente bem paciente. Quantos forem necessários para que eu me mantenha vivo para comunicar vida". Mas acrescentei, falando com dificuldade por conta da enfermidade: "Todos esses fios, doutor, só funcionam por conta desse fio que sempre trago nas mãos: o terço de Nossa Senhora. Sem esse fio de ouro, fio nenhum seria capaz de me manter vivo. Eu não vivo na corda bamba. Eu vivo por um fio! A minha vida está por um fio".

Coisa linda é uma orquídea. Coisa mais linda, ainda, é uma orquídea presa por uns fios ao tronco de uma árvore. A orquídea, ao contrário do que muita gente pensa, não é uma planta parasita, mas ela pode ser presa a uma árvore e ali viver maravilhosamente.

Basta que utilizemos uns barbantes, uma cordinha e um fio. Depois de alguns meses, ela está lá com suas raízes bem fixas, bem presas à arvore. Olha, coisa linda é você, viu? Coisa mais linda, ainda, é você preso a Jesus! Eis a verdadeira e tão sonhada liberdade.

A arte de prender orquídeas em árvores chama-se "floricidade", que rima com o quê? Com "felicidade"! É isso: somos as orquídeas e o tronco é o Senhor. Devemos nos valer das cordinhas do terço de Nossa Senhora para ficarmos bem firmes e presos a Jesus.

Maria sempre nos leva a Jesus. Tudo com Jesus, nada sem Maria! Benditas cordinhas e continhas, barbantes e arames, fios e fitas do rosário da Sempre Virgem Maria, que nos prendem a Jesus, o Senhor, alcançando-nos a verdadeira liberdade: a de sermos filhos de Deus.

Maria é a causa de nossa alegria, diz a Ladainha Lauretana. Maria é a causa da nossa felicidade. Jesus é a nossa felicidade! Não despreze, portanto, a Mãe, para não acontecer de você vir a ficar sem a graça do Filho.

Se alguma vez fui longe, e sei que fui, foi porque sempre estive no colo de Maria. Se alguma vez fui longe, e sei que fui, foi porque continuo no ombro dos gigantes. Os meus gigantes são os santos, a começar de Nossa Senhora e de São José! Quanto a mim, sou apenas um aprendiz de santo, um bebezinho na escola da santidade.

Já te contei do meu amigo Beato Carlos, imperador da Áustria. Agora vou te falar do seu xará, o Beato Carlo Acutis, o ciberapóstolo. Ele começou a me dar seu ombro em 2013, quando foi declarado "servo de Deus". Fui impactado pelo seu testemunho, e ele se tornou para mim um grande companheiro de jornada. Ele mesmo tratou de confirmar isso quando arranjou meios de uma relíquia sua chegar às minhas mãos. Quem governava a vida do jovem Carlo eram o Senhor e a Senhora. Ele gostava de dizer que Maria era a única mulher da sua vida. Gosto de dizer que só quem sente o verdadeiro beijo dos meus lábios é o santo altar. Foi assim e é assim.

Olha, está redondamente enganado quem pensa que só fico na cama, que só respiro com o respirador mecânico, que só ando de andador, que me levam na cadeira de rodas para cá e para lá, que me transportam dia e noite na ambulância, que moro no hospital, que estou sempre em cima de uma mesa de cirurgia. A verdade é que eu fico nos santos! Respiro com os santos. Vou nos santos. Os santos me levam. Moro nos santos.

Obrigado, Carlo, pelos seus ombros maduros. Jovem não é você, jovem somos nós que ainda não honramos os tantos 15 anos que já tivemos (eu já tive três!). Você é um gigante! Eu, nem jovem sou. Sou apenas um bebezinho: o bebezão de Nossa Senhora.

Pare de dar de ombros e suba em ombros! Ombros que não apenas carreguem você para cá e para lá, mas que levem você para o céu. Amém? Eu me lembro agora de São Cristóvão, o padroeiro dos motoristas. Ele era fisicamente gigante. De tanto transportar nos ombros as pessoas de um lado do rio para o outro, certa vez foi recompensado e levou o próprio Menino Jesus. É exatamente por conta dessas caronas que ele dava em seus ombros que ele é o padroeiro dos motoristas.

"Padre Márlon, como o senhor se acostuma a passar tanto tempo na cama? Não tem vontade de sair um pouquinho dela? De dar umas voltinhas?"

"Padre Márlon, esse negócio no pescoço não o incomoda? Ah, o senhor já se acostumou, não é? E as dores, já nem liga mais, não é?"

E quem falou que eu me acostumei? "Não?". Não! De jeito nenhum, não me acostumei com nada disso. "Mas eu tinha pensado que sim". Pois se enganou!

Veja: não se trata de se acostumar. A questão é dar um sentido maior para tudo isso. A questão é descobrir o sentido de vida que há em todo esse sofrimento, como dizia Viktor Frankl. Senão, não dou conta! Não teria paz e poderia até ficar louco.

E dizia São Luís Maria Grignion de Montfort: "O Senhor não considera tanto o sofrimento em si mesmo, mas sim a maneira como se sofre". Ninguém fica santo ou ganha o céu só porque sofre. O que garante o céu ao sofredor é a maneira como ele sofre. E completa Santo Afonso Maria de Ligório: "É pelo sofrimento que mais prontamente nos santificamos".

Não posso desperdiçar nenhum sofrimento. Busco passar pelo meu pequeno calvário com muito amor e fé, contemplando o calvário de Jesus. Ofereço tudo pela minha santificação, pela santificação das almas e por algumas causas pelas quais vivo e sofro. É isso!

"Estar sempre com Jesus: eis o meu projeto de vida", dizia o Beato Carlo Acutis. Sou mais unido a Jesus do que a doença ao meu DNA, do que a fraqueza aos meus músculos, do que a fadiga às minhas células, do que a dor ao meu corpo. Nada nem ninguém é mais forte em mim do que Jesus! Ninguém exerce tanta autoridade sobre mim como Jesus. Meu projeto de vida não é vencer a doença; é estar sempre com Jesus. O resto é resto.

Você acha que é a Eledir, a Rosa ou a Yasmin quem corta as minhas unhas? Que nada! É o Senhor mesmo quem está aparando as minhas arestas, por meio dessa enfermidade.

Rezo assim: "Jesus, pode me aparar! Eu deixo! Tira-me os excessos. Preciso disso. Santifica-me, pois o tempo urge e o leão ruge. Ofereço tudo pela minha santificação e pela de todos, pelo fim dessa pandemia que grassa sobre toda a humanidade e pelo fim de todo o pecado, para que a humanidade viva na Tua graça. Amém".

Não tenho medo de sofrer. Tenho medo de sofrer errado, de não sofrer bem, de sofrer em vão, de levar o outro a sofrer, de sofrer sem agradar ao Senhor. Disse Chiara Lubich: "Jesus abandonado, quero amar-Te como ninguém jamais Te amou. Meu sofrimento eu ofereço para a salvação das almas. Espero no fim da vida não me arrepender de ter sofrido pouco e ter sofrido mal. Amém". Uau!

Quem manda na minha vida não são minhas dores nem minhas fraquezas musculares, tampouco minhas fadigas e meus cansaços. Quem manda na minha vida não é minha baixa audição ou visão. Quem manda na minha vida é Jesus!

Sempre achei enigmática a passagem bíblica (Jo 21,18) em que São Pedro diz que, quando jovem, ia aonde queria, mas, quando estivesse velho, estenderia a mão e outros o levariam. Isso se parece muito comigo.

"O homem do Antigo Testamento vive a doença à face de Deus. É diante de Deus que desafoga o seu lamento pela doença que lhe sobreveio e é d'Ele, Senhor da vida e da morte, que implora a cura. A doença torna-se caminho de conversão e o perdão de Deus dá início à cura. Israel faz a experiência de que a doença está, de modo misterioso, ligada ao pecado e ao mal, e de que a fidelidade a Deus em conformidade com a sua Lei restitui a vida: 'Porque eu, o Senhor, é que sou o teu médico' (Ex 15,26). O profeta entrevê que o sofrimento pode ter também um sentido redentor pelos pecados dos outros. Finalmente, Isaías anuncia que Deus fará vir para Sião um tempo em que perdoará todas as faltas e curará todas as doenças." (Catecismo da Igreja Católica, 1.502)

Quem manda na sua vida não deveria ser o limão, mas sim a limonada. Quem é o seu rei? O limão? Se for, é porque você ainda não o trabalhou o suficiente e não se deixou trabalhar o necessário por ele. Fazer as limonadas necessárias com os limões dos pomares do coração é um caminho de conversão e de curas e libertações profundas.

Às vezes, a limonada amarga de novo

"O sofrimento, unido ao amor, é a única coisa que me parece desejável no vale de lágrimas!" (Santa Teresinha do Menino Jesus)

"Se percebemos que a vida realmente tem um sentido, percebemos também que somos úteis uns aos outros. Ser um ser humano é trabalhar por algo além de si mesmo." (Viktor Frankl)

"Padre Márlon, faça isso e o senhor será curado!" Sei do imenso carinho de tanta gente por mim, mas você acredita que, vez ou outra, aparece alguém me sugerindo que eu me dê a alguma prática que não condiz com o ensinamento da Santa Igreja? Talvez nem seja por maldade, talvez seja por desconhecimento... e por amor a mim.

Garanto a você: prefiro ficar doente a ter uma cura que não venha da fé firme e santa. Aliás, quem está firme na fé não está enfermo. Aprendi com Santo Agostinho: "Parece-me haver diferença entre enfermo e doente, pois costuma-se chamar de enfermo os doentes. Enfermo quer dizer 'não firme', e 'doente' o que se sente mal".

Logo se vê, graças a Deus, que não estou enfermo coisa nenhuma! Há pessoas que estão doentes, mas não estão enfermas; e há pessoas que aparentemente gozam de boa saúde, mas se encontram profundamente doentes e enfermas. Coitadinhas!

Vou te contar um segredo. Outro dia, em profunda oração, me apareceu um anjo. Era vistoso, brilhoso e garboso, tinha fala atraente... e indecente! Ele me prometia mundos e fundos. Comecei a desconfiar quando, numa virada que ele deu, vi que trazia o seu rabinho sorrateiramente preso com esparadrapos e, num deles, escrito: "facilidades".

Ah, eu, que já estava desconfiado de que aquele anjo era decaído, não tive mais dúvida: era conversa para boi dormir! Eu, que não sou boi, não caí no sono do encardido.

No dicionário cristão, felicidade não rima com facilidade. No bojo da fé, não há lugar para achismos, individualismos e egoísmos. São João Paulo II denunciou a "cultura da morte". O Papa emérito Bento XVI, a "ditadura do relativismo". E o Papa Francisco tem falado dos "mundanismos".

Olha, ser cristão não é nada fácil, mas quero morrer como um filho da Igreja, como tão bem desejou Santa Teresa d'Ávila. A verdadeira saúde e a plena felicidade se encontram na Igreja que tem por colunas mestras São Pedro e São Paulo. Amém?

"Mas o senhor não tinha sido curado, Padre Márlon?" De vez em quando, alguém ainda me pergunta isso, referindo-se àquela minha tremenda melhora em setembro de 2018 que durou um ano e meio. Tinha e continuo sendo, uai! Sou curado a todo instante e o serei, creio, até meu último suspiro (porque até lá você e eu precisamos de muita cura). Será só no céu, depois do meu último suspiro, que estarei completamente curado (e você também!). Creio que essa doença seja para a minha santificação e a de muitos. Essa doença não é para a minha morte, é para a glória de Deus (Jo 11,4).

O dia 25 de setembro de 2018 é bastante significativo para mim. Tive, de um segundo para outro, uma melhora inexplicável. Fiquei muito bem por um ano e meio. Entretanto, desde o fim de março e começo de abril de 2020, os sintomas da doença têm marcado fortemente presença. E cada vez mais! Se Deus quiser, vou ficar bem de novo. Acontece com algumas pessoas. Você ouve delas: "O câncer voltou", "Depois de um bom tempo estável, tive uma recidiva da doença", "Os sintomas da minha doença voltaram", "Não tenho estado bem nestes tempos".

Infelizmente, essas narrativas são bastante comuns para quem tem uma doença crônica ou rara. Comigo não tem sido diferente.

Sempre agradeço à minha "enfermeira" – estou falando da portuguesinha beata Alexandrina Maria da Costa. Além de uma relíquia insigne dela, tenho, próximo da minha cama, uma imagem dela na cama, onde ela viveu por trinta anos.

Foi ela quem pediu, em setembro de 2018, que o céu inteiro me acudisse. Ela me assegurou: "Meu filho, Padre Márlon, eu movo o céu inteiro por você!". Creio que ela continua fazendo isso. Beata Alexandrina, minha amada "enfermeira", bem haja! Aprendi a dizer "bem haja" nas minhas missões em Portugal. Significa muito mais que "muito obrigado", "muitíssimo obrigado", "obrigadíssimo". Peço que ela, que tanto sofreu, interceda também por você e pelos seus. Amém?

Aproveito para te perguntar: você tem vontade de evangelizar, mas não tem saúde? Siga o exemplo da beata Alexandrina de Balasar.

Alexandrina Maria da Costa (1904-1955) viveu em Balasar, na região do Porto, no norte de Portugal. Era uma vivaz e robusta camponesa e dona de casa. Aos 14 anos, em casa, não hesitou em se jogar de uma janela de quatro metros de altura para fugir de três homens que ameaçavam roubar a sua pureza (entre eles, havia um brasileiro).

Aos poucos, ela foi perdendo os movimentos. Até os 19 anos, ainda pôde se arrastar até a igreja. Foi quando as dores se tornaram insuportáveis, as articulações perderam qualquer movimento, e ela ficou completamente paralisada. E assim viveu os trinta anos restantes de sua vida: na cama! E eu só estou há dois anos e meio nessa nova etapa da doença.

Nos primeiros anos, Alexandrina ainda rezava pela sua cura, pois queria ser missionária. Depois, descobriu que o Senhor a permitiria fazer missão da cama. Daí, Alexandrina visitava todos os sacrários do mundo, sobretudo aqueles onde Nosso Senhor não tinha nenhum adorador junto d'Ele.

Ela disse ao Senhor: "Jesus, Tu és prisioneiro no Tabernáculo, como eu sou na minha cama. Assim, fazemos companhia um ao outro!". Ofereceu seus sofrimentos e orações pela salvação das almas, sobretudo juvenis, e se inscreveu como cooperadora salesiana.

De 1938 a 1942, todas as sextas-feiras, a beata Alexandrina revivia no próprio corpo os sofrimentos da Paixão do Senhor. Isso aconteceu 182 vezes. Nessas ocasiões, recobrava os movimentos e se levantava da cama. De 1942 até o dia da sua morte, ou seja, por treze anos, Alexandrina se alimentou unicamente da Eucaristia. Muitos iam até ela para se aconselhar e se confiar às suas orações.

Seu programa de vida, ditado por Jesus, era "sofrer, amar e reparar". Antes mesmo dos pastorinhos de Fátima, Alexandrina pediu ao papa a consagração do mundo ao Imaculado Coração de Maria. Tive a graça de, por três vezes, estar em seu santuário. Por duas vezes celebrei a Santa Missa no seu quartinho, junto da cama em que ela viveu "presa" por três décadas.

"A conversão a Cristo, o novo nascimento do Batismo, o dom do Espírito Santo, o corpo e sangue de Cristo recebidos em alimento, tornaram-nos 'santos e imaculados na sua presença' (Ef 1,4), tal como a própria Igreja, esposa de Cristo, é 'santa e imaculada na sua presença' (Ef 5,27). No entanto, a vida nova recebida na iniciação cristã não suprimiu a fragilidade e a fraqueza da natureza humana, nem a inclinação para o pecado, a que a tradição chama concupiscência, a qual persiste nos batizados, a fim de que prestem as suas provas no combate da vida cristã, ajudados pela graça de Cristo. Este combate é o da conversão, em vista da santidade e da vida eterna, a que o Senhor não se cansa de nos chamar." (Catecismo da Igreja Católica, 1.426)

Às vezes, depois de um tempo, a limonada amarga de novo, mas não é por isso que deixaremos de ser bons e de fazer o bem. Jamais! O que não pode amargar é a nossa vida; voltar aos pecados, sentir saudade das cebolas e panelas de carne do Egito (Ex 16,3), quando éramos escravos do faraó. Somos chamados pelo Senhor à santidade de vida. São Pedro, depois de chupar muitos limões azedos, pôde assumir uma vida nova, pelo poder do Espírito Santo, e nos exortar, no Senhor: "Sede santos!" (1Pd 1,16). Ser santo é andar na lei de Deus. Não buscar a santidade é ser um fora da lei, um transgressor espiritual e social.

Ame os seus limões

"Quando se pensa que, durante toda a eternidade, amar-se-á mais o bom Deus por um sofrimento suportado com alegria! Ademais, sofrendo é possível salvar almas." (Santa Teresinha do Menino Jesus)

"Pode-se tirar tudo de um homem, exceto uma coisa: a última das liberdades humanas – escolher a própria atitude em qualquer circunstância, escolher o próprio caminho." (Viktor Frankl)

"Por que o Padre Márlon fica deitado na cama o tempo todo?" Por que tenho uma fraqueza muscular generalizada (da cabeça aos pés) e uma fadiga (mesmo sem fazer nada) que é fora do comum.

Gosto de partilhar com você minha luta, porque você me dá muita força, assim como eu também procuro te dar força; e sobretudo porque posso ajudar no diagnóstico e no tratamento precoce de quem tem a doença da qual sofro. Posso salvar vidas!

Não fico deitado porque sou obeso ou por conta da traqueostomia – essa mangueira que liga o respirador mecânico à minha garganta 24 horas por dia –, que me ajuda a respirar. Também não fico deitado por conta da gastrostomia (há uma sonda conectada diretamente no meu estômago para eu receber alimento e medicamentos).

Se fosse somente pela traqueostomia e pela gastrostomia, eu poderia andar para lá e para cá, mas a minha doença rara, a RTD, faz meus mínimos esforços resultarem em cansaço e mal-estar extremos. A fadiga, apenas um dos muitos sintomas da doença, é uma santificação para mim. Não fico deitado para descansar ou me poupar de alguma coisa. Procuro rezar e trabalhar o tempo todo. Sabe o que mais me cansa? Tudo! Só de existir já fico cansado. Ainda assim, eu amo viver. Amém? Por favor, reze para que eu não me canse de estar cansado! René Descartes, filósofo, físico e matemático francês do século XVII, dizia: "Penso, logo existo". Já eu digo: "Existo, logo me canso".

Certo dia, já era tarde da noite e eu ainda estava resolvendo alguns assuntos da evangelização e dos meus pobrezinhos com o Fernando Oliveira de Jesus, um dos meus braços direitos na obra de Deus e um dos líderes de nossa grande equipe de missionários, funcionários e voluntários. Fernando é o CEO da Missão Sede Santos. Digo a ele: "Filho, se você, que é nosso CEO, não nos levar para o CÉU, dou um jeito em você!". Bom, estávamos conversando por mensagens no WhatsApp. De repente, ele, vendo que eu já estava bem cansado e por ter muito carinho e liberdade comigo, disse: "Já para a cama, menino!". Então, eu respondi: "Mas eu já vivo na cama!".

Às vezes, somos tomados por um pensamento bastante elevado ou até mesmo assustador, mas o que está acontecendo é algo muito simples e desprovido de quaisquer efeitos especiais. Num dia desses, o Padre Gustavo Sampaio veio me fazer uma visita. Ele sempre vem me ver e liga para saber como estou. O Padre Gustavo se sentou perto da minha cama, e falamos sobre coisas do céu e da terra. Mais do céu que da terra.

Lá pelas tantas, eu disse a ele o que estava sentindo: "Padre do céu, a minha cama está se mexendo!". A primeira coisa que pensei foi que, devido ao alto nível da nossa conversa, totalmente espiritual e edificante, minha cama estava levitando... mas também pensei que podia ser o encardido. Bravo conosco, assim como fez com o cura d'Ars, ele podia estar querendo nos assombrar mexendo a minha cama.

O Padre Gustavo, então, deu um salto para trás e me disse, se desculpando: "Ah, Padre Márlon, sou eu! Eu estava aqui, com o meu pé, balançando a sua cama!". Rimos muito!

É assim: às vezes pensamos que uma coisa é incrivelmente sobrenatural, muito elevada, digna dos santos e anjos, ou muito baixa e horripilante, digna dos demônios e seus sequazes, e não é nem uma coisa nem outra: são apenas coisas muito simples do dia a dia, como um padre sentado que, com o seu pé ansioso, balança a cama em que outro padre, enfermo, está deitado.

"Vinde a mim, vós todos que estais aflitos sob o fardo, e eu vos aliviarei. Tomai meu jugo sobre vós e recebei minha doutrina, porque eu sou manso e humilde de coração e achareis o repouso para as vossas almas. Porque meu jugo é suave e meu peso é leve." (Mt 11,28-30)

Quando ouço essas palavras de Jesus, logo digo: "Opa! É comigo!". E já vou justificando: "Vocês me deem licença, gente, que Jesus está me chamando. Licencinha, por favor!". E vou pedindo espaço na multidão. Na pandemia ficou dolorosamente mais fácil, pois não havia aglomeração.

Reconheço que a minha vida inteira foi assim: sempre com fadiga. Em muitos momentos, quase imperceptível. Em tantos outros, notória. E o Evangelho da minha missa de ordenação foi justamente esse de Mateus 11,28-30, o Evangelho do cansaço... ou, se você preferir, do descanso em Jesus.

Mamãe gosta de lembrar que nasci sentado. E roxo, já passando da hora. Os primeiros anos da minha vida foram um choro só! Ninguém conseguia descobrir o que eu tinha. Se você olhasse para mim, eu chorava. Nasci sentado e agora tenho ficado quase o tempo todo deitado. Sinto que o Sagrado Coração de Jesus me quis para descansar minhas fadigas crônicas do corpo; para que eu descanse as fadigas também do corpo, mas, sobretudo, da alma, do seu povo. É esta a minha vocação: ajudar você a não cansar Jesus (por uma vida de pecado) e a descansar em Jesus (por uma vida de confiança e amor).

Uma freirinha certa vez me disse: "Ah, que grande mistério de amor: um padre cansado (que mesmo na cama não descansa!) e que não se cansa de buscar descansar em Jesus o cansaço da humanidade". Ouso dizer que, aos primeiros apóstolos, o Senhor chamou pelo nome. A mim, atraiu pelo cansaço!

Há quem fique se perguntando: "Mas por que essa cruz?", "Por que essa enfermidade?", "Por que isso está acontecendo comigo?", "O que eu fiz para merecer isso?". Não nos cabe saber os porquês. A nós compete saber o para quê de cada coisa.

Há um propósito de Deus em tudo, e Ele é santo em todas as Suas obras (Sl 144,13). Nunca se coloque em briga ou disputa com Deus. Jamais O coloque na parede!

Dizia Blaise Pascal: "Eu me recuso a crer num Deus que caiba na minha cabeça". A Deus não se entende; a Deus se ama e ponto final. Embora Deus possa ser entendido, Ele não cabe na nossa cabeça, e o porquê de tudo somente saberemos quando um dia, se Deus quiser, cruzarmos os rios deste mundo e desembocarmos no céu sem fim.

"Ali será a verdadeira glória; ninguém ali será louvado por engano ou por lisonja; as verdadeiras honras não serão nem recusadas aos que as merecem, nem dadas aos indignos delas; aliás, não haverá ali indigno que as pretenda, pois só os dignos lá serão admitidos. Ali reinará a verdadeira paz; ninguém terá oposição, nem de si mesmo nem dos outros. O próprio Deus será a recompensa da virtude, Ele que a deu e Se lhe prometeu como recompensa, a maior e melhor que possa existir: (...) 'Eu serei o seu Deus, e eles serão o meu povo' (Lv 26,12) (...) É também este o sentido das palavras do Apóstolo: 'Para que Deus seja tudo em todos' (1Cor 15,28). Ele mesmo será o fim dos nossos desejos, Ele que nós havemos de contemplar sem fim, de amar sem saciedade, de louvar sem cansaço. E este dom, este afeto, esta ocupação serão, sem dúvida, comuns a todos como a vida eterna' (Santo Agostinho)." (Catecismo da Igreja Católica, 2.550)

"Por que tanto azedume de tal pessoa?"
"Por que tanto amargor nesse coraçãozinho?"
"Por que tantos limões no quintal da minha história?"

Ame seus limões. Deus, porque ama você, os permite na sua vida. O Senhor só quer o seu bem, mesmo quando, para isso, Ele permite o que você julga ser um mal.

Os limões são presentes de Deus

"O sofrimento torna-se a maior das alegrias quando a gente o busca como o mais precioso dos tesouros." (Santa Teresinha do Menino Jesus)

"Uma das principais características da existência humana está na capacidade de se elevar acima de suas condições, de crescer para além delas. O ser humano é capaz de mudar o mundo para melhor, se possível, e de mudar a si mesmo para melhor, se necessário." (Viktor Frankl)

Vou te contar a verdadeira história de Santa Teresinha do Tubo. No fim de dezembro de 2020, devido ao avanço da doença rara da qual sofro, fui internado às pressas. Meu estado de saúde era bastante grave. Fui de ambulância para o hospital. Ao todo, passei 44 dias na UTI; foi a minha internação hospitalar mais longa. Lá fui submetido a três cirurgias de traqueostomia em um período de uma semana – respiro com a ajuda de um respirador mecânico ligado 24 horas por dia à minha traqueia – e a uma de gastrostomia (eu me alimento e tomo os muitos medicamentos de que preciso por uma sonda ligada diretamente ao meu estômago).

Após a cirurgia da traqueostomia, percebeu-se a necessidade de que eu tivesse um suporte para o tubo da traqueostomia. Quando a fisioterapeuta estava saindo para buscar um suporte, meu pai, que me visitava na UTI naquele momento, sugeriu que eu usasse uma almofadinha que eu tinha ganhado nos meus primeiros dias na UTI: uma naninha no formato de Santa Teresinha do Menino Jesus.

Santa Teresinha segurando o tubo da minha traqueia deu tão certo que os médicos e toda a equipe do hospital ficaram encantados com a "Santinha do Tubo" do Padre Márlon. Ela foi comigo até para a mesa de cirurgia!

Quando tive alta hospitalar, voltei para casa com a naninha no peito. Um mês depois, ela já não era mais necessária, mas eu não quis mais tirar Santa Teresinha do meu tubo. Então, peguei uma menorzinha. Enquanto eu usar a traqueostomia, por gratidão a Santa Teresinha, ela estará no tubo, pois foram e têm sido muitas as complicações.

Ambas as naninhas foram um presente da loja São Fofinhos. Quando as pessoas ficaram sabendo das proezas da "Pequena Flor", Liz Cristine e meus amados filhos espirituais de Portugal disseram que era a "Santa Teresinha do Tubo". Santa Teresinha desejou estar até nos campos de guerra; ela esteve na guerra que eu travava pela vida e continua comigo.

"Vou trocar o madeiro da sua cruz." Com essas palavras, ganhei um novo colchão da minha querida filha espiritual Juliana Maria Gazzola. Chegou na hora certa: o anterior estava bastante gasto e o novo veio num momento de muito cansaço, fraqueza e dor. Como Deus me ama!

É por isso que nunca podemos reclamar da nossa cruz. Mesmo sem percebermos, o bom Deus, de tempos em tempos, dá uma ajeitadinha nela para que a gente dê conta de carregá-la. Amém?

Em sua mais conhecida imagem, Santa Teresinha abraça uma cruz toda enfeitada de rosas. Sua rosa tem espinhos? A minha tem! Tenho aprendido com Santa Teresinha que é preciso ir além dos espinhos. Quem tem medo dos espinhos pode não provar do perfume da rosa.

Estas palavras da obra *Imitação de Cristo* mexeram muito com a madrinha Santa Teresinha do Menino Jesus: "Pelo amor, eu não apenas corro. Eu voo!". É isto: pelo amor, não estou parado. Quem fica parado é poste. Estou aqui, na cama, buscando evangelizar. Sou um padre missionário; fui feito para voar e para dar asas de eternidade a quem eu alcanço e a quem vem até mim.

Não é morro abaixo atrás do queijo que devemos correr – por mais gostoso que o queijo seja e por mais mineirinho eu seja –; é morro acima, cruz acima, rumo ao céu, em vista da salvação. Amém? Morro de amor pelo morro! Pelo morro do Calvário. É precisamente por isso que não morro.

Gosto do entendimento de São João XXIII sobre a providência de Deus na vida dele. O santo papa dizia: "A providência divina se ocupa de mim". Pois eu digo a mesma coisa: enquanto cuido das coisas de Deus, Deus cuida das minhas coisas. Enquanto cuido dos irmãos – e faço limonada –, Deus cuida de mim.

Enquanto cuido, sou cuidado. Às vezes, acontece de eu estar celebrando a Santa Missa e, no decorrer dela, eu precisar ser medicado. Procuro programar a duração da missa de acordo com o intervalo das medicações, mas às vezes as duas coisas acabam acontecendo ao mesmo tempo; afinal, como eu já disse para você, tomo medicamentos vinte vezes por dia.

Como a medicação é feita diretamente pela sonda no meu estômago, não me atrapalha na celebração e em nada. Há um equipo – um fio comprido – que liga a minha sonda aos frascos onde os medicamentos são colocados.

Os enfermeiros que me assistem me dizem: "Estamos cuidando do senhor". Eu respondo a eles: "E eu de vocês! Vocês me dão os medicamentos dos homens, e eu dou a vocês Jesus, o medicamento do Pai. Vocês me dão o remédio para o corpo, e eu dou a vocês o remédio para a alma". Enquanto cuido, sou cuidado. Enquanto sou medicado, estou medicando o mundo. Amém?

Assim como me foi – e é – necessária a naninha de Santa Teresinha no tubo de minha traqueostomia, assim como posso te escrever e você pode me ler, preciso dizer a você: os limões nos são necessários! Eles são o sinal de que o Senhor está cuidando de nós; de que Ele não se esquece de nós.

"A nossa vida é o presente que Deus nos deu. O que fazemos dela é o presente que damos a Deus!", ensinou Dom Bosco. Os limões são o presente de Deus para nós. As limonadas, as musses de limão e os *brownies* de limão são o nosso presente para Deus e para os irmãos. Não faltemos em nada ao Senhor, pois Ele não nos deixa faltar nada. Amor com amor com se paga, ensinou Santa Teresinha do Menino Jesus.

Os limões são meus

"Eu sentia que tudo que Ele podia nos dar de melhor era o sofrimento, que Ele não o dava senão a Seus amigos de escolha." (Santa Teresinha do Menino Jesus)

"A pessoa que se deu conta dessa responsabilidade em relação à obra que por ela espera ou perante a pessoa que a ama e aguarda, essa pessoa jamais conseguirá jogar fora a sua vida. Ela sabe do 'porquê' de sua existência – e por isso também conseguirá suportar quase todo 'como'." (Viktor Frankl)

"Padre Márlon, o senhor não pode dizer 'minha doença'. Desse modo, o senhor se entrega a ela. Diga 'a doença tal' ou, no máximo, 'a doença da qual sofro'."

Vira e mexe, alguém chama a minha atenção para isso. Não sou o dono da verdade, mas vou explicar por que digo "minha doença", com humildade e com todo o respeito por quem me corrige. E já vou dizendo que não estou bravo, hein? Tampouco estou me dirigindo a alguma pessoa em particular.

Eu digo "minha doença" porque a doença é minha, e não de outra pessoa. Eu digo "minha doença" da mesma forma que digo "minha camisa" e "minha cama". A camisa e a cama são minhas, e não de outrem.

Quando digo "minha doença", não estou tomando posse dela ou me rendendo a ela, nem estou deixando que ela tome posse de mim. Meu modo de viver mostra que não!

Quando digo "minha doença", estou usando um pronome da língua portuguesa para dizer de quem ela é, a quem ela afeta, a quem ela acomete. Tenho uma doença – ela aparece nos meus exames e quem a sente no corpo sou eu –, mas ela não me tem. Tenho uma doença rara, mas ela não tem a mim!

Sei muito bem que as palavras têm poder, tanto que até escrevi um livro que explica isso direitinho: *40 dias transformando maldições em bênçãos*.

A doença é minha, sim! Por exemplo, quem, em 2016, pegou uma infecção hospitalar com três bactérias e quase morreu? (Claro que, como eram três as bactérias, dei uma para cada pessoa da Santíssima Trindade.) Quem passou por nove cirurgias só no ano de 2021? Quem toma mensalmente 12 mil reais em medicamentos que não são fornecidos gratuitamente por órgãos públicos ou privados? Quem viveu à base de fé e morfina? Eu!

Quem precisa tomar 250 comprimidos todos os dias (sendo que 220 cápsulas são de apenas três medicamentos), senão morre? Quem toma remédios a cada hora? Quem tem dificuldade para respirar e precisa de ajuda artificial 24 horas por dia? Quem precisa de enfermeiros o tempo inteiro? Quem fica meses sem voz? Eu, eu e eu. Entende?

Quando digo "minha", estou ligando o substantivo ao sujeito. Só isso. Tenho uma razoável facilidade no uso da nossa língua pátria. Dou glórias ao bom Deus por isso! Além do mais, sei que Jesus carregou sobre si as nossas enfermidades (Is 53,4). Olha aí: "nossas"!

Os limões são meus, não de outra pessoa. Por isso, minha limonada é feita com minha história, com meus sorrisos e lágrimas, com meus consolos e desconsolos, com meus apuros e alívios.

Uma das fisioterapeutas que estavam cuidando de mim na UTI, a Jennifer, numa das muitas missões minhas lá – busco entender minhas internações hospitalares na UTI como missões que o bom Deus me dá –, me perguntou: "Padre, o senhor já contou quantas sondas há no seu corpo?". E começou a enumerar: "Além da traqueostomia, que não é bem uma sonda, mas um tubo para o senhor respirar, tem a sonda para comer [gastrostomia], a sonda para fazer xixi e a sonda para fazer cocô. São suas chagas! As quatro chagas. Jesus não teve cinco chagas? Qual é a sua quinta chaga?". O Espírito Santo me inspirou: "Minha quinta chaga é a daqueles por quem eu rezo e que também rezam por mim". Você, que agora me lê, está na minha quinta chaga. Não tem como eu me esquecer de você. Nunca!

Meu irmão Paulo Gustavo conta que levou um enorme susto quando eu, numa outra internação na UTI, peguei uma lousinha e escrevi com o pincel atômico: "Salmo 138 em mim, da cabeça aos pés: 'Senhor, eu sei que tu me SONDAS'". São cuidados d'Ele para com a nossa salvação. Por aquelas sondas, percebi o quanto o Senhor me sondava. Mais uma vez tive certeza de que, muito inspirado, com maestria, Ele me fez no ventre de minha mãe (Sl 138).

A sonda para fazer cocô, por exemplo, é dolorosíssima. Tive que usá-la por conta da diarreia. Eu não podia nem me mexer na cama, pois incomodava e doía demais. Essas sondas geralmente são colocadas em pacientes sedados; no meu caso, o Senhor quis (e quer) me provar acordado mesmo.

"Comovido por tanto sofrimento, Cristo não só Se deixa tocar pelos doentes, como também faz suas as misérias deles: 'Tomou sobre Si as nossas enfermidades e carregou com as nossas doenças'. Ele não curou todos os doentes. As curas que fazia eram sinais da vinda do Reino de Deus. Anunciavam uma cura mais radical: a vitória sobre o pecado e sobre a morte, mediante a sua Páscoa. Na cruz, Cristo tomou sobre Si todo o peso do mal e tirou 'o pecado do mundo' (Jo 1,29), do qual a doença não é mais que uma consequência. Pela sua paixão e morte na cruz, Cristo deu novo sentido ao sofrimento: desde então este pode configurar-nos com Ele e unir-nos à sua paixão redentora." (Catecismo da Igreja Católica, 1.505)

Tenho meditado nestas palavras do Papa Bento XVI, que têm falado forte ao meu coração: "Não é o evitar o sofrimento, a fuga diante da dor, que cura o homem, mas a capacidade de aceitar a tribulação e nela amadurecer, de encontrar o seu sentido através da união com Cristo, que sofreu com infinito amor".

É… os limões são meus! Mesmo que eu dê de beber da minha limonada a muita gente, os limões são meus; o bom Deus os deu a mim! Muitos podem ser beneficiados quando, pelo sofrimento, eu me uno à paixão redentora de Cristo. Você pode ser muito beneficiado quando, pelo seu sofrimento, se une à paixão redentora de Jesus!

Se há limonada, é porque houve limão

"O meu Deus me dá coragem na proporção dos meus sofrimentos. Sinto que, no momento, não poderia suportar mais, mas não tenho medo, pois se Ele os aumentar, aumentará, ao mesmo tempo, minha coragem." (Santa Teresinha do Menino Jesus)

"Não sou fruto do passado, sou fruto de uma mudança assumida vivida com intensidade." (Viktor Frankl)

"Acaso não sabeis que eu sou da Imaculada?" O autor dessa famosa frase é o frade e padre polonês São Maximiliano Maria Kolbe. Ele é o mártir da família, "o patrono desse tão difícil século XX" (como bem o chamou São João Paulo II). Como amo o Padre Kolbe.

A rainha da Polônia é Maria Santíssima, com o título de "Nossa Senhora de Częstochowa" (conhecida no Brasil como Nossa Senhora do Monte Claro). Nessa imagem, Nossa Senhora traz algumas cicatrizes no rosto. Hoje digo a você: não se envergonhe das suas cicatrizes; não esconda as suas cicatrizes; as minhas e as suas cicatrizes são marcas das nossas vitórias!

Tenho várias cicatrizes pelo corpo. Já passei por quatorze cirurgias no total! Quando vejo minhas cicatrizes, não vejo sofrimento; vejo vitória. Se há cicatriz, é porque houve vitória. Se há limonada, é porque houve limão!

Diga aos seus inimigos (visíveis e invisíveis, humanos e espirituais), às suas dores, aos seus sofrimentos, aos seus medos e aos seus tormentos: "Acaso não sabeis que eu sou da Imaculada? Vede minhas cicatrizes! Maria é minha advogada e ganhou todas as causas que confiei a ela. Ela nunca perde nenhuma causa. Acaso não sabeis o porquê? Minha Mãe é também a minha advogada. Minha advogada é a minha Mãe!". Amém? Mexe comigo para você ver! Conto tudo para minha Mãe, Nossa Senhora.

Há momentos em que me pareço com o Nerso da Capitinga? Sim, mas é que pentear os cabelos nem sempre é uma tarefa muito fácil para mim. Fazer o quê? Além disso, eles têm caído um bocado por conta dos muitos medicamentos. Mas que problema há nisso? Está na Palavra que até mesmo os fios de cabelo da nossa cabeça estão todos contados (Lc 12,7). Se está difícil pentear meus cabelos, é porque ainda os tenho, certo?

Há dias em que acordo com a juba lambida. Acho que é por causa dos dinossauros, com os quais sonho de noite. Quem percebeu isso foi o meu caríssimo técnico de enfermagem Vinicius Carvalho. Ora acordando, ora saindo do banho, vez ou outra ele me pergunta: "Hômi, o que aconteceu?". Eu simplesmente respondo: "Foram os dinossauros. Correram atrás de mim e me alcançaram. Eles deixaram os meus cabelos assim".

O banho é muito sofrido para mim, porque me canso muito, tenho ânsia de vômito, suo frio, a traqueia sangra… Um dia, o Vinicius ficou mais branco do que de costume ao me ver saindo do banheiro. Digo até que ele ficou transparente com a cena que viu. Logo expliquei: "Tinha um dragão lá dentro do banheiro". Estamos rindo até agora.

O banho já é um desgaste tremendo de energia para mim. Ainda bem que a mamãezinha Carminha me dá banho desde abril de 2020. Pentear os cabelos? Ela tantas vezes, muitas vezes ela também os penteia para mim. Quando meus braços ficam mais fortinhos, volto a assumir essa tarefa. Nas internações na UTI, o dr. Felipe de Jesus Gonçalves também penteava os meus cabelos quando julgava que estávamos demorando para fazê-lo, e ainda passava pomada neles. Ele fazia até o meu penteado!

Ah, que mal há nisso, minha gente? Não sou Sansão, cuja força está nos cabelos. Minha força está em quem? No Senhor! Amém?

Se falei da mamãezinha, que ganhou os prêmios "Cuidadora do ano" em 2020 e "Superação do ano" em 2021, do Mulheres Raras (concurso realizado pelo Instituto Vidas Raras), quero também falar do papaizinho Múcio. Estou cada vez mais apaixonado pelos dois!

Também agradeço muito às secretárias que trabalham aqui em casa: a Albertina e a Célia. São uma bênção e, sem elas, a mamãe não daria conta. Em 2021, ela chegou a ficar internada comigo no hospital durante quatro meses (somando todos os dias). Quando eu me interno – sempre na UTI –, a mamãe já tem passe livre no Hospital viValle para ficar comigo, cuidando de mim. Todo mundo já sabe: o Padre Márlon se interna, e a dona Carminha também.

Fico pensando em Jesus bebê, em Jesus garotinho. Nos banhos que Nossa Senhora dava nele. Assim, humildemente, me submeto todos os dias à bucha e ao sabão da mamãe Carminha.

E o meu pai, você acha que ele me dá moleza? Ele ama bater à porta do meu quarto, entrar de mansinho e perguntar se preciso de alguma coisa. Ama perguntar como estou. E eu, louvando a Deus, quase sempre respondo: "Cansado". Ele, então, retruca: "Ah, cansado do quê, meu filho? Você ainda não fez nada hoje! Eu, sim, não parei um segundo desde a hora em que me levantei, por isso estou cansado, mas você... ainda nem saiu dessa cama!". E a gente ri junto. Ri muito. Quem tem uma doença rara, que causa fraqueza e fadiga crônica mesmo sem os mínimos esforços (quanto mais os máximos!) sabe como é.

Se ser pai e mãe já é uma grande missão, uma missão divina, pense como é ser pai e mãe de um filho raro. Meus pais são raros pelas virtudes, pela hombridade, pelo caráter, pela dignidade, pelo trabalho, pela fé. Há 49 anos, eles me carregavam no colo. Hoje, 49 anos depois, ainda o fazem! Eu os trago no sangue e nas obras, nas ideias e nos ideais, no coração e na alma.

Mamãezinha Carminha e papaizinho Múcio, estou cada vez mais apaixonado por vocês! Peço sua bênção e que Deus os abençoe! Estaremos juntos até o céu e lá também.

Se há um filho, é porque houve um pai e uma mãe, certo? Se há limonada, é porque houve limões. Olhando para trás, sei de apenas uma coisa: só consegui fazer muito do que fiz porque eu não sabia que era impossível. Ainda bem que ninguém me falou! Fui lá e fiz. Ainda bem que fiz. Ainda bem que continuo fazendo. Amém? Faça você também! Na minha vida, tudo é fé. Vivi à base de morfina e de fé. Hoje vivo à base de fé e de outros medicamentos para a dor crônica. Vivo à base de respiração mecânica e de fé, de duas centenas e meia de medicamentos, de cuidados e de fé. É assim que a gente vive. Se eu vivo é pela fé. Amém?

Se fiz o que fiz, foi por causa dos meus limões. Quem vê as obras sociais (que atendem mais de sete mil pessoas por dia!) e as iniciativas de evangelização que o bom Deus me confiou, quem vê (e lê) os quarenta livros que escrevi talvez não imagine, mas só fiz o que fiz por conta dos limões que a vida me deu. A limonada do meu viver é fruto de muitos, muitos limões. Se há tudo isso na minha vida, é porque sempre houve limões. Você vê os capetas que eu espanto, mas não vê a água-benta que eu jogo.

Estou cada vez mais apaixonado pelos meus limões

"Se desejamos semear flores em outros jardins, deveríamos antes deixar florescer as sementes que Jesus plantou em nossos corações." (Santa Teresinha do Menino Jesus)

"Compreendi a verdade derramada nas canções de tantos poetas e proclamada na sabedoria final de tantos pensadores. A verdade de que o amor é a última meta e também a mais elevada à qual o homem pode aspirar." (Viktor Frankl)

Não desisti de viver e jamais desistirei. Também não desisto de você nem de sua família, viu? Sou um padre missionário e estou na santa peleja. Já não tenho mais o mesmo vigor físico do início do meu ministério, no ano 2000, mas espero em Deus um dia ter um vigor físico ainda melhor que o daquele tempo. Apesar disso, meu vigor espiritual está cada vez maior! Amém?

Uma de minhas mães espirituais, Patti Mansfield, dos Estados Unidos, pioneira da Renovação Carismática Católica no mundo, me contou que, às vezes, se encontra com outro grande carismático nos aeroportos, o escritor e pregador Prado Flores. Quando a vê, ele logo pergunta, dando um tapinha nas costas dela: "Patti, você continua apaixonada por Jesus?". Pois eu posso te assegurar: continuo apaixonado por Jesus, como aos 15 anos, quando fui batizado no Espírito Santo, e como no ano 2000, quando fui ordenado padre. E estou cada vez mais apaixonado!

Por falar em minhas mães espirituais, tenho de agradecer, por me ajudarem a manter a minha vida no Espírito e por me manterem vivo, às minhas mães: Ana Maria Barba, Ana Maria Peixoto, Ana Paula Aparício, Dalva Lanfranqui, Dani Miranda, Edilaine Araújo, Fatinha Oliveira, Glória Vilaça, Ilze Tangerino, Katia Roldi Zavaris, Isabel Nogueira, Isabel Vaio, Maria Elisa Sacchelli, Mirian Lemes, Reinalda Reis, Rita Verly, Sônia Venâncio, Patrícia Medeiros, Patti Mansfield e Vilma Rossi. Elas me ajudam a fazer minhas necessárias limonadas.

Tenho de agradecer também às minhas madrinhas: Anna Christina Machado, Cidinha Alves, Janete Silveira, Leila Mattar, Lilian Moscardo, Lucinha Algavez, irmã Maria do Carmo, OCD, madre Maria Eymard, SSS, Maria Eloisa "Marelô", Maria Gabriela de Oliveira Alves, Maria Regina Olivetti, Maria do Sacrário, Maria Tereza Toledo, Meire Vicentini, Neide Kowalska, Neuza Olivetti, Odete Neves, Priscila Elizabete, Rosana Eslava, Sinfa Maria, Sumaya Zogbi, Terezinha Nogueira, madre Thereza Maria de São João da Cruz, OCD, Vera Almeida, irmã Zélia e tantas outras. Obrigado também à *"mainha two"*, Fabrícia Corrêa, e às minhas almas irmanadas: Bela Bárbara, Maria Beatriz Spier, Roseli Silva e Salomé Bárbara. Tenho até vovós espirituais, como a Dalva Pelizzer, que também me ajudam com as minhas limonadas

Agradeço ainda a uma infinidade de filhos espirituais, dentro e além da Comunidade Missão Sede Santos, espalhados por este mundo todo. Eles são uma beleza em me ajudar a fazer limonadas, musses, tortas, bolos de limão... Eu cometeria muitas injustiças se citasse só alguns nomes, pois são muitos, muitos mesmo, graças a Deus! Os nomes deles não caberiam num livro.

Esta foi uma graça determinante na minha vida: a graça do batismo no Espírito Santo, que recebi aos 15 anos, na tarde do dia 27 de novembro de 1988, no Colégio Sion, na capital paulista, tendo como padrinhos de oração o piedoso casal (e fiel ao batismo no Espírito até hoje) Meire e Octávio Vicentini. De lá para cá, nunca deixei de ser membro atuante da Renovação Carismática Católica e de atuar, além do ministério de pregação, no ministério de oração pela cura e libertação. Da cama, continuo orando pela cura e libertação do povo muito amado de Deus. Meu ministério está de pé!

Nos primeiros anos do meu ministério, servi muito à amada Renovação Carismática Católica de minha Diocese de Taubaté. Preciso também expressar minha profunda gratidão ao Conselho Nacional da RCCBRASIL (Renovação Carismática Católica do Brasil), por ser profecia e vida na minha vida, pelo carinho e acolhimento para com minha vida e ministério nesses anos todos. Agradeço a todas as suas presidências, em especial às de Katia Roldi Zavaris e de Vinícius Simões.

A partir dali, e até hoje, nunca mais deixei de orar pela cura e libertação do povo de Deus, por onde quer que eu ande e como quer que eu esteja. Comecei a rezar no Bradesco mesmo, onde trabalhei dos 15 aos 20 anos. Entrei como *office boy* e saí gerente. De lá fui para o Seminário. Saí do banco numa sexta-feira, e na segunda já entrava no Seminário.

Primeiramente, fui para o Seminário de Filosofia da Arquidiocese de São Paulo, mas apenas por um semestre. Depois, no segundo semestre de 1994, fui para a fundação dos Salvistas, onde concluí Filosofia e Teologia. Quanto aos estudos, comecei o curso de Filosofia na Universidade de São Paulo (USP) e o concluí na FAI (hoje PUC-SP), onde o meu amado servo de Deus Padre Gilberto Maria Defina era um dos diretores. Ele também era meu diretor espiritual. Depois, fundou os Salvistas. O Padre Gilberto continua me ajudando muito até hoje, lá do céu; ele foi o padre que me fez padre, que me formou.

Deus tem contado com este frágil servo, e muitas têm sido as graças de conversão, cura e milagres na vida de muita gente. Louvores ao Senhor! Mas também recebi muitas e importantes graças já após o batismo no Espírito Santo (procuro manter a chama viva e sempre jogando mais lenha na fogueira):

a. minha capacidade de me relacionar com as pessoas, levando a elas a palavra de Deus e orando por elas e sobre elas com grande desassombro e autoridade espiritual. Eu era extremamente tímido até a adolescência. Pensava mil vezes antes de abrir a boca.

Quando criança, ao receber uma visita em casa, eu me escondia no banheiro ou atrás do sofá;
b. minha alegria, uma alegria fora do comum, frente às adversidades do dia a dia e da doença;
c. e a graça de saber perdoar, e bem depressa, o meu ofensor.

"Importa que cada um esteja bastante suficientemente presente a si mesmo para ouvir e seguir a voz da sua consciência. Esta exigência de interioridade é tanto mais necessária quanto a vida nos leva muitas vezes a subtrair-nos a qualquer reflexão, exame ou introspecção: 'Regressa à tua consciência, interroga-a (...) Voltai, irmãos, ao vosso interior, e, em tudo quanto fazeis, olhai para a Testemunha que é Deus' (Santo Agostinho)." (Catecismo da Igreja Católica, 1.779)

Meus limões me deram uma limonada de têmpera. Meus sofrimentos são os temperos da vida que me fizeram uma pessoa de têmpera. Minha limonada é bem temperada e de têmpera, viu? Disse o Papa Francisco que são os mares bravios que formam bons marinheiros. Pronto!

E mesmo que já saibamos a receita da limonada, consultar vez ou outra o manual ou livro de receitas da nossa consciência não faz mal nenhum. Pelo contrário, mantém viva a raiz. Voltar às nossas opções fundamentais e às razões daquilo em que acreditamos são ações que sempre abalizam a nossa caridade cristã.

Você só precisa de um limão!

"Vós sabeis, Senhor, minha única ambição é vos fazer conhecido e amado; agora meu desejo será realizado; só posso rezar e sofrer!" (Santa Teresinha do Menino Jesus)

"A saúde mental está baseada em certo grau de tensão, tensão entre aquilo que já se alcançou e aquilo que ainda se deveria alcançar, ou o hiato entre o que se é e o que se deveria ser." (Viktor Frankl)

Sabe quem veio me visitar? A coisa mais linda do mundo: um cachorrinho spitz-alemão, também conhecido como lulu-da-pomerânia (para ser mais correto, lulu-da-pomerânia é a versão anã do spitz-alemão). Parece de brinquedo, mas é de verdade. Ele é um dos "filhos" do André e da Mayra e se chama Hulk. Já já vou explicar por que acho que o nome dele tem tudo a ver com a raça (e ambos comigo e também com você), embora o cachorrinho não seja verde como o "incrível Hulk".

Aqui em casa também temos uma cachorrinha, a Kika. Ela é da minha sobrinha Mariana – ah, como amo a Mariana, minha sobrinha tão linda, inteligente, educada e religiosa. Ela cuida muito bem de mim e é muito generosa. Exímia dançarina, amo vê-la dançar – é fã de carteirinha de K-pop –, e ela ama dançar só para mim. A Mariana é meu remedinho. Jesus é meu Remédio, a Mariana é meu remedinho. O Alvaro Torrecilhas, minha alma *in design*, até desenha minhas peripécias com a Mariana nas histórias em quadrinhos chamadas "Padre Marlinho e Mariana Aventureira".

E a Kika? Bom, a Kika, assim como a tutora dela, é tão sensível que sente quando meu estado de saúde piora. Ela fica por perto, fica junto de mim. Participa das missas aqui em casa e parece que só falta falar. Senta-se na poltrona à minha frente e fica olhando para mim. Em alguns momentos, quando ela coloca suas patinhas em cima de mim, sinto que é como se ela estivesse impondo-as para rezar por mim, como fazemos ao impor as nossas mãos uns sobre os outros quando vamos orar.

Mas olha, dentre as características do spitz-alemão, uma me chamou particular atenção: ele tem uma espessa pelagem dupla. A pelagem externa é longa, reta e dura na textura, enquanto o subpelo é macio, denso e curto.

A visita do Hulk me pareceu ser um recado do Senhor. Eu, para vencer os meus desafios cotidianos (e também você!), preciso colher lá de dentro, da minha "subpele", dos meus "submúsculos" (já que os meus músculos estão fraquinhos), ou seja, DA ALMA, a força necessária. Preciso arrancar forças lá de dentro. Até mesmo porque força (física) é exatamente o que me falta por conta da enfermidade.

Se colho da alma, dos meus ideais, da ciência e do Senhor essa força de que preciso, me torno como o "incrível Hulk": o super-herói verde, musculoso (olha aí, força nos músculos), dono de uma colossal força física (uau, eu quero! Musculoso? Saradão? Não! Sarado na alma e, se Deus quiser, sarado da enfermidade) e com capacidade de saltar grandes distâncias (hum… estando na cama, mas fazendo missão pelo mundo, e saindo de vez da cama para ir pelo mundo).

Pronto: agora eu sou o "Padre-Márlon-de-taubaté-da-pomerânia". E depois do Homem-Aranha, espero me tornar, pela graça do Senhor, não o "incrível Hulk", mas o "incrível Padre Márlon". Detalhe: sou palmeirense, sou verdão. Está tudo explicado!

Um dos meus grandes amigos Padres é São João Maria Vianney, que entrou no céu em 1859. É muito conhecido o momento em que, chegando perto de Ars, ele viu um jovem jornaleiro. O padre fez, então, uma proposta a ele: "Ensine-me o caminho de Ars, que eu ensino a você o caminho do céu".

Gosto muito de parafrasear o grande cura d'Ars, sempre dizendo: "Ajude-me a ser um padre santo, que eu ensino a você o caminho do céu". Você topa? Eu já topei! Mas o Espírito Santo também me leva a dizer: "Mostre-me o caminho das suas feridas, mostre-me as suas dores, mostre-me os machucados que você traz na pele e os que estão por debaixo dela, mostre-me as suas cruzes do dia a dia, mostre-me o que a vida te fez, mostre-me os limões que a vida te deu, e eu te mostrarei o caminho do céu".

Viva com pressa para começar cada compressa nas feridas alheias. Viva sem pressa para terminar cada compressa nas próprias feridas!

Vou abrir o jogo com você: não sou um padre simplesmente feliz hoje, mas também não espero ser feliz um dia. Já hoje, pela graça de Deus, sou um padre muito, muito, muito feliz!

Olha, estou aqui com um dos mais admiráveis padres de toda a história da Igreja, e foi ele quem definiu para mim, de forma facinha, em que consiste a felicidade. Ele é o santo patrono de nós, padres. É um modelo para os padres e para todos os cristãos.

O mais interessante é que ninguém esperava nada do Padre Vianney. O mais interessante é que ele, humanamente, não tinha nada de interessante. E daquele vilarejo ao sul da França chamado Ars ninguém esperava nada também. O padre, coitadinho, era intelectualmente desfavorecido, não gozava de boa saúde, não era bonito aos olhos e nem tinha uma voz agradável aos ouvidos. Quanto a Ars, era só farra, jogo e bagunça.

O que fez, então, aquele padre ser admirável e modelo para todos os padres e também para você? Ele buscou a santidade. Certa vez, saindo de um possesso, o demônio disse que se houvesse, no mundo, três padres como o cura d'Ars, seu reino seria destruído. O segredo daquele padre santo: muito trabalho, penitência, mas, acima de tudo, uma vida de oração. Um descrente, que se converteu só de vê-lo uma única vez, afirmou: "Vi Deus num homem".

São João Maria Vianney ensinou que quem reza é mais feliz: "A oração é toda a felicidade do homem. É esta a linda profissão do homem: rezar e amar. Se orais e amais, aí está a felicidade do homem sobre a Terra". É por isso que digo que o Padre Vianney me ensinou o que é a felicidade.

Não preciso que nada aconteça ou deixe de acontecer para eu ser feliz. Já sou feliz, muito feliz, pelo simples fato de rezar e amar. E eu rezo e amo! Não preciso esperar me levantar da cama, minhas dores sumirem, eu ficar livre da traqueostomia e da gastrostomia; não preciso que aconteça um milagre e a doença deixe de existir. Já sou feliz, porque amo e rezo, rezo e amo.

"As bem-aventuranças respondem ao desejo natural de felicidade. Este desejo é de origem divina: Deus pô-lo no coração do homem para o atrair a Si, o único que o pode satisfazer. (...) 'Só Deus sacia' (São Tomás de Aquino)." (Catecismo da Igreja Católica, 1.718)

Você não é feliz se tem tudo que gostaria. Você não precisa de muito para ser feliz. Você só precisa rezar e amar. Você não precisa que o limão seja extinto da face da Terra. Você só precisa de um limão para fazer uma limonada e ser feliz!

O limão leva você às nuvens

"Eu vos agradeço, ó meu Deus, por todas as graças que me concedestes, em particular por me ter feito passar pelo crisol do sofrimento." (Santa Teresinha do Menino Jesus)

"O desespero é o sofrimento sem propósito." (Viktor Frankl)

A lei da gravidade é mesmo implacável comigo, com você! Uai, com todos nós, terráqueos. Logo, também nisso estamos quites, não apenas nos sofrimentos e desafios desta vida. Mas se há uma inevitável força que nos puxa para baixo e para o centro da Terra, há também uma irresistível força que nos atrai – a mim e a você – para a altura da vida em Cristo! É aquele apelo do apóstolo São Paulo que ficou eternizado pela pregação do servo de Deus Padre Léo de Bethânia: "Buscai as coisas do alto!" (Col 3,1). O mesmo apelo foi feito pelo jovem Beato Pier Giorgio: "Para cima!".

Embora a doença, por conta da fraqueza muscular que causa, literalmente me derrube cabeça, pescoço, rosto, braços e pernas, a fé me eleva. Estou na cama, mas a minha fé está de pé. Meus sonhos estão de pé, meu ministério sacerdotal está de pé, meu ser missionário está de pé!

Estou na cama, mas estou erguido na cruz de Cristo. E como Maria, nossa Mãe, estou de pé aos pés da cruz de Cristo. A gravidade me puxa para baixo, a doença também me puxa para baixo, mas a ciência e a fé me puxam para cima. O carinho que você tem por mim me puxa para cima! Mesmo que eu quisesse ficar na fossa, não conseguiria.

Mas, cá entre nós, muito mais sério que tudo isso é a vida longe de Deus. O pecado derruba de verdade! Essa gravidade é mais grave que a famigerada lei da gravidade. Acredite: a lei da vida em Cristo é mais forte que a lei da gravidade, de uma doença, de um vício, de uma saudade, de um revés, de uma carência. Se você está no Senhor, está de pé. Amém?

Se alguém está sem força física, espiritual ou emocional, sem força para continuar, deve buscar forças na oração, na conversão. Ganhe força para tudo ao buscar as coisas do alto – e, ao buscar as coisas do alto, ganhe força para tudo! Estou na cama, mas os meus chinelos estão nas nuvens.

Sabe aquele programa de TV chamado Pequenas empresas, grandes negócios? Pois bem, acabo de atualizá-lo, claro, no melhor estilo ' Márlon: Pequenos esforços, grandes fadigas.

Assim tenho vivido: pequenos esforços, grandes fadigas. Mas vejamos tudo isso por outro ângulo. Estou aqui com a imagem de "Maria, passa à frente e pisa na cabeça da serpente!" para dizer a você: nada que é feito com amor passa despercebido aos olhos de Deus. Nossa Senhora não deixa cair no chão nenhuma ave-maria rezada com fé. Acredite: pequenos atos de amor (e com amor), grandes bênçãos; pequenos sacrifícios pela família, grandes graças; pequenas orações por quem amamos, grandes libertações e livramentos para ele.

Não pense que você é pequeno demais ou que suas obras são pequenas demais. Tudo é importante e pode ter um resultado muito positivo quando é feito com amor e em Deus, até mesmo nossos pequenos esforços e grandes fadigas. Amém?

Nós é que temos de nos apequenar para nos tornarmos grandes. Me lembro do meu coroinha Fê (Felippe Soléo). Ai, que saudade! Ele era cadeirante. Quando chegava perto da gente, pedia: "Abaixa aqui, por favor!". Toda vez que me abaixo para o meu irmão, me torno grande. Quem se apequena diante da grandeza do irmão torna-se gigante!

"A oração é a elevação da alma para Deus ou o pedido feito a Deus de bens convenientes' (São João Damasceno). De onde é que falamos, ao orar? Das alturas do nosso orgulho e da nossa vontade própria, ou das 'profundezas' (Sl 130,1) dum coração humilde e contrito? Aquele que se humilha é que é elevado (Lc 18,9-14). A humildade é o fundamento da oração. 'Não sabemos o que havemos de pedir para rezarmos como deve ser' (Rm 8,26). A humildade é a disposição necessária para receber gratuitamente o dom da oração: o homem é um mendigo de Deus (Santo Agostinho)." (Catecismo da Igreja Católica, 2.559)

O Fê pedia que eu me abaixasse. O limoeiro está bem enraizado no chão, mas deliciosas receitas com seu fruto nos levam às nuvens. As raízes do limoeiro rezam. Seu caule e seus galhos rezam. O limoeiro aspira às alturas, assim como nossa alma aspira a Deus. Os limões levam você às nuvens, e seus sofrimentos podem levar você ao céu.

O limão não nos mete freio

"Deus acha você digno de sofrer por ser amor, e isso é a maior prova de ternura que Ele pode lhe dar, porque é o sofrimento que nos torna semelhantes a Ele." (Santa Teresinha do Menino Jesus)

"Através do seu amor, a pessoa que ama capacita a pessoa amada a realizar suas potencialidades. Conscientizando-a do que ela pode ser e do que deveria vir a ser, aquele que ama faz com que estas potencialidades venham a se realizar." (Viktor Frankl)

Todos os dias, quando termino de celebrar a Santa Missa aqui na cama, mamãe me dá um beijinho na testa e diz: "Ô, meu filho, muito obrigada pela missa! Foi tão linda... me fez tão bem!". Não há nada de diferente na missa, nada de especial. Nem homilia (ou só umas duas frases de homilia), para eu não me cansar ainda mais. Uma missa de uns vinte minutos. A preparação para a missa é quase mais demorada que a própria missa: papai e mamãe me vestem com os paramentos, colocam o altar em cima de mim, tudo bem devagar por conta do meu cansaço.

Mais cedo, sou eu quem digo para mamãe Carminha: "Ô, mamãezinha, muito obrigado pelo banho. Foi tão bom... me fez tão bem!". Em tempos idos foi assim. Desde o fim de março de 2020 tem sido assim: as missas voltaram a acontecer, diariamente, na cama, e mamãe é quem me dá banho. Já nas internações na UTI do hospital é a equipe de enfermagem quem me dá banho (e se estou muito mal, é na cama mesmo, "banho no leito"). A eles, minha gratidão e meu coração!

Em casa, graças a Deus, tem sido mamãe quem me dá o banho diário no banheiro. Sentadinho. Tem dia que é um custo ela me tirar da cama. Pareço criança difícil. Não que eu não goste de banho, muito pelo contrário. *Pelamordedeus!* É que a fraqueza está forte. Então, negocio com ela: "Pode ser daqui a uma hora?". Uma hora depois ela volta, e eu digo: "Que tal hoje à tarde?".

Outro dia, ela se lembrou dos banhos que me dava quando eu ainda era bebê (embora eu diga que continuo sendo um bebê, o bebezinho de Nossa Senhora). Morávamos na cidade de São Paulo. Havia uma banheirinha azul, de plástico, a mais simples e baratinha de todas, e um patinho amarelo para brincar no banho. Apesar de eu não me lembrar muito bem dessa banheirinha, lembro-me exatamente do carinho de quem me dava banho nela.

É assim: um lava o outro. Eu lavo o coração da mamãe, dando-lhe a missa, e ela lava o meu corpo, dando-me o banho. Sou muito feliz e abençoado!

Eu te conto dos meus limões e você os adoça para mim. Você coloca os seus limões nas minhas mãos, eu os entrego a Jesus; juntos os adoçamos com muita fé. Assim é a caminhada com Jesus.

Quero deixar claro que não sou egoísta nem egotista, viu? Minha cama não é recreio nem estou neste mundo a passeio. Minha vontade, desde que fui ordenado padre, há 22 anos, é, até para dormir, usar os santos arreios. Enquanto Jesus e Maria me abraçam, em quem eu penso? Penso em você! Penso no mundo inteiro! Pode acreditar: mesmo aqui na cama e em oração, o encardido fica me cercando, procurando um jeito de me levar a algum devaneio. Mas ele... ah, ele não me faz viver pelo meio, nem a enfermidade me mete freio.

Só dei conta porque fiz muitas limonadas

"A vida é apenas um sonho, em breve acordaremos, e que alegria! Quanto maiores forem nossos sofrimentos, tanto mais nossa glória será infinita." (Santa Teresinha do Menino Jesus)

"Se houve um dia na vida em que a liberdade parecia um lindo sonho, virá também o dia em que toda a experiência sofrida no passado parecerá um mero pesadelo." (Viktor Frankl)

Só cheguei aonde cheguei e só dei conta do que dei conta porque nunca caminhei sozinho. Sempre caminhei com a minha família, com a minha comunidade, com a Santa Igreja, com o povo de Deus... e com a ciência, pensando aqui na minha saúde. Sempre procurei caminhar com Deus e para Deus. Sempre priorizei deixar Nossa Senhora passar à frente. Só consegui lidar com o que lidei porque fiz muitas limonadas com os meus inúmeros limões.

Para chegar aos meus 22 anos de padre, quantos cireneus o bom Deus me deu para me ajudarem a carregar não a mangueira do meu respirador, mas a minha cruz! Alguns deles eu já conheço e pude agradecer, mas ainda faltam muitos. Eles são uma multidão! E há muitos outros que são anônimos para mim, mas o Senhor conhece cada um pelo nome. Tenho também você e tanta gente que rezou e reza por mim, que fez e faz sacrifícios para mim, que colaborou em campanhas materiais para eu poder continuar vivo e tocando o ministério. Gente, um Padre Márlon só se faz com uma terra e um céu em peso. Os 22 anos de sacerdócio do Padre Márlon, então, nem se fala!

Penso que muitas dessas pessoas eu só conhecerei no céu, e de lá vou retribuir devidamente a cada uma. Mas o Senhor conhece todas elas; peço sempre a Ele que as recompense agora com toda sorte de bênçãos e, sobretudo, com a eternidade feliz, quando a hora chegar. A verdade é que eu gastarei esta vida agradecendo; a verdade é que também passarei a vida eterna agradecendo a todos e a tudo que vivi nesses 22 felizes anos de padre. Amém?

Creio muito no amor e no poder de Deus e que Ele pode mudar até mesmo o prognóstico de uma doença. Sim, tudo pode ser mudado pela força da oração.

A Evanis, namorada do meu irmão, tinha acabado de sair aqui de casa quando mandei uma mensagem para ela. A Van, como nós a chamamos, tem um salão de beleza; aliás, é ela quem corta o meu cabelo e de todos que moram comigo. Como amo a Van e seus filhos – também meus sobrinhos –, Du e Gui! O Du sempre me diz para ficar bem, e o Gui diz que, quando crescer, vai ser "tio padre". Pode isso? Claro que pode! Tomara Deus, tomara.

Eu estava transformando em oração a atual piora da minha doença. Algumas coisas parecem estar demorando um pouco para melhorar (sei que Deus não demora, caprichа!) ou até piorando. Eu, no entanto, só louvo ao Senhor e me confio inteiramente ao seu amor!

Como eu estava dizendo, catei o celular e mandei uma mensagem para a Van: "Minha filha, progressiva não é a minha doença, é a sua escova!". A Van demorou um pouquinho para ouvir o áudio porque estava justamente fazendo uma escova progressiva numa cliente. Progressiva é a nossa conversão, amém? Progressiva é a nossa limonada, que vai ficando cada vez mais incrementada.

Há duas imagens do coração de Jesus e de Maria que trago comigo desde a minha adolescência, quando eu ainda nem pensava em ser padre. Fui ordenado padre na festa do Sagrado Coração de Jesus no ano 2000, e a minha primeira missa foi no dia seguinte, ou seja, na festa do

Imaculado Coração de Maria. Logo se vê que esses dois corações sempre buscaram espaço em meu peito e em minha vida; desde a mais tenra infância eu me sinto fortemente atraído por eles.

Não fosse assim, preciso reconhecer, não sei se teria suportado algumas provações ao longo da caminhada. Não sei se o meu coração teria aguentado. Estou chegando à conclusão de que aguentei porque senti com um coração que não era meu: senti com o coração de Deus, com o coração da Mãe de Deus e minha Mãe! Algumas provas que o bom Deus me deu só contarei nos meus livros póstumos.

Como dizia Léon Bloy, somos peregrinos do absoluto. Vale a pena então, cuidar do coração, sobretudo do coração emocional e espiritual. Vale a pena dar atenção aos limões que a vida nos dá. Vale a pena, para fazer uma boa digestão emocional e espiritual, fazer uma boa limonada dos limões que a vida nos dá e ser feliz. Assim como é importante tentar vislumbrar a limonada ao vermos os cachos de limões nos pomares dos quintais de nossa alma, é mister viver esta vida passageira de olhos e coração nos novos céus e na nova terra.

Deus carrega e recarrega você nas limonadas

"Eu sentia que tudo que Ele podia nos dar de melhor era o sofrimento, que Ele não o dava senão a seus amigos de escolha!" (Santa Teresinha do Menino Jesus)

"O que realmente precisamos é de uma mudança radical na nossa atitude perante a vida." (Viktor Frankl)

Sou apenas um pequeno falcão. É certo: chamo-me MÁRLON porque mamãe era apaixonada pelo ator norte-americano Marlon Brando, falecido em 2004, e convenceu papai a me registrar com esse nome. O que a mamãe não sabia é que o nome MÁRLON vem do francês arcaico (e então deixa de ser uma palavra paroxítona para se tornar oxítona, MARLÓN) e significa "pequeno falcão".

Os falcões, veja só, são as menores aves de rapina (podem medir apenas 15 cm) e podem ser as mais leves (pesando apenas 35 g). Mas o falcão-peregrino pode atingir 430 km/h em voo picado e é o animal mais rápido da terra!

É isto: não sou uma águia nem um gavião. Sou apenas um falcão. E se o falcão já é pequeno, eu sou menor ainda: sou MARLÓN, um "pequeno falcão", mas, pela graça de Deus, pelo ministério sacerdotal e pela minha consagração missionária, posso voar muito rápido e chegar longe. Você também pode voar rápido, alto e longe por uma vida de amor e sacrifício. Bora voar?

Tomo emprestadas as palavras da madrinha Santa Teresinha do Menino Jesus e da Sagrada Face: "Eu me considero como um fraco passarinho coberto somente com uma leve plumagem. Não sou uma águia. Dela tenho simplesmente os olhos e o coração, pois, apesar da minha pequenez extrema, ouso fixar o Sol Divino, o Sol do Amor e meu coração sente nele todas as aspirações da águia". Sou carregado e recarregado pelo meu desejo de sol.

Calma, minha gente. Estou apenas recarregando as minhas baterias! Logo que entrei no atual estágio da minha doença, o dr. Rodrigo Fock, meu médico geneticista, que fechou meu diagnóstico de RTD, me disse: "É, Padre Márlon, o senhor gastou todas as suas forças. Gastou as suas energias todas. Não era para ser assim, mas foi. Agora, vai ter de parar para se recarregar novamente". Bom, no fim das contas, não escolhi entre parar ou não; meu corpo me parou – embora a cabeça e a alma nunca tenham parado –, ou melhor, o bom Deus me parou.

Quem pensa que morri ou que não faço mais nada nesta vida está redondamente enganado. Estou recarregando as minhas forças, povo de Deus muito amado. Na verdade, agora entendo que o bom Deus me parou para cuidar de mim, me amar, me curar, me proteger, me ensinar um bocado de coisas, me corrigir, me converter e abrir meus olhos, ouvidos e coração!

Digo mais: o bom Deus me parou até mesmo para levar umas lições da enfermidade e do sofrimento para você. Confirma? Estou sendo recarregado nos cuidados tão atenciosos da ciência e da fé, da minha família e da minha comunidade.

Olha, nos seus cuidados também tão cuidadosos para comigo (seus, viu?), estou sendo carregado no colo, como esta cama que me carrega dia e noite, e recarregado em Deus. Quando sou carregado, sou recarregado. Louve você também a Deus pelos momentos em que Ele permite que alguns se encarreguem de você... e carreguem você... para recarregar você! Amém? Somos recarregados ou porque gastamos toda a nossa energia ou porque uma nova missão nos espera e, para ela, precisamos estar tinindo.

Logo a minha bateria estará 100% carregada. Você crê nisso? Eu creio! Amém? Aproveite você também os desafios do tempo presente para ser carregado no colo de Deus e recarregado pelo amor d'Ele e de quem ama você de verdade.

"O cristão, que une sua própria morte à de Jesus, encara a morte como chegada até junto d'Ele, como entrada na vida eterna. (...)" (Catecismo da Igreja Católica, 1.020)

Porque se encarrega de você, Deus carrega e recarrega você nas limonadas, em função das labutas rotineiras nas nossas roças e limoeiros, mas sobretudo da feliz morada e missão na mansão eterna.

Faça a limonada o mais cedo possível

"Para conquistar a palma, nada é demais para sofrer." (Santa Teresinha do Menino Jesus)

"O homem que não passou por circunstâncias adversas realmente não se conhece bem." (Viktor Frankl)

"Você já tem a túnica rasgada, meu filho. Agora quero também o seu coração rasgado!" Tóimmmm. Eu estava celebrando a Santa Missa da Quarta-feira de Cinzas quando Jesus me dirigiu essas exigentes palavras.

Costumo dizer que minha túnica é "filipina", em homenagem ao dr. Felipe de Jesus Gonçalves, que, vendo na UTI o meu sofrimento e cansaço para vestir, todo dia, a túnica para a Santa Missa, sugeriu que eu a cortasse de alto a baixo nas costas. Assim, eu quase não precisaria me mexer para vesti-la; mamãe me vestiria com ela.

Eis que, naquele dia, gritou-me alto (mais uma vez) a profecia de Joel: "Rasgai vossos corações e não vossas vestes; voltai ao Senhor, vosso Deus (…)" (Jl 2,13). É, minha gente, quando pensamos que já estamos um pouco convertidos, Jesus nos chama uma vez mais à santidade de vida.

Bora querer ser santo de verdade? Ou santos ou nada! "Sede santos, porque eu sou santo" (1Pd 1,16). A santidade é para já!

Alguém que veja apressado minhas fotos nas redes sociais e que fique a par das notícias sobre a minha saúde pode pensar que vivo em franca decadência ou, no mínimo, que a minha vida retrocedeu. Mas a minha vida está longe de ser um retrocesso e também não estou estagnado. Estou sempre caminhando! Mesmo na cama eu caminho. Mesmo enfermo eu dou passos. Sigo em frente pois à minha frente caminha minha Mãe, Maria, aquela que passa à frente e pisa na cabeça da serpente.

Tudo depende do ângulo pelo qual você olha. Tudo depende do amor que você coloca em cada ato, em cada coisa, em cada situação, em cada relacionamento, em cada trabalho, em cada sofrimento. Aos olhos do mundo, às vezes tenho uma noite horrível; aos de Deus, abençoada!

Acordo de hora em hora, não durmo quase nada. Aproveito, então, para em cada hora adorar o Santíssimo Sacramento, fazer uma comunhão espiritual e interceder pelo mundo. É tudo uma questão de ótica: a vida em Jesus nos traz um novo olhar para tudo. Amém? A vida em Jesus nos ajuda a beijar a sua cruz. A cruz que ele carregou não era a d'Ele. Era a nossa!

Beijar a cruz me dá força para carregá-la. Não brigo com a cruz. Quanto mais da cruz se foge, mais pesada ela fica. Guardar a limonada que sobrou na geladeira? Nada disso! Beba-a logo, porque ela vai amargar. A vida inteira segui nosso Senhor e não me lembro de alguma vez ter me arrependido.

Parece que todos os dias Ele passa novamente e me chama a largar tudo para segui-lo. Troquei tudo pelo Tudo. Todos os dias, beijo com paixão minha cruz missionária e renovo a minha consagração batismal e na comunidade missionária à qual pertenço: a Missão Sede Santos. Isso me dá força e vigor. São Paulo nos advertiu a não nos comportarmos como inimigos da cruz de Cristo (Fl 3,18).

Sinto o amor e as orações de cada pessoa por mim, agradeço e os abençoo. Penso, como a minha madrinha Santa Teresinha, padroeira da Missão Sede Santos: "Gostaria de ter sido missionária desde a criação do mundo até a consumação dos séculos".

Para falar a verdade, eu gostaria de ter recebido os limões antes. Teria feito limonada antes! Teria me santificado antes, ao lado da minha família, sempre partilhando da oração e do sacrifício de Cristo. Como diz Santa Teresinha: "Não entendo aqueles santos que querem combater pelo Reino de Deus sem a sua família. Eu quero entrar no céu e com a minha família!". E você?

Eu vivo em busca de um pouquinho de adoçante no meu limão!

"Quando se quer atingir um fim, deve-se procurar os seus meios. Jesus me fez compreender que era pela cruz que Ele queria me dar almas, e minha atração pelo sofrimento cresceu à medida que o sofrimento aumentava!" (Santa Teresinha do Menino Jesus)

"A fé não é uma maneira de pensar da qual se subtraiu a realidade, mas uma maneira de pensar à qual se acrescentou a existencialidade do pensador." (Viktor Frankl)

"Um padre com pernas de sapinho." Foi mamãe Carminha quem descreveu assim as minhas pernas, com todo o amor e me dando uns beijinhos. Faço essa partilha com todo o respeito do mundo por quem também tem ou está com as pernas como as minhas.

Por conta da doença, mesmo estando deitado, minhas pernas caem para fora, tal qual as pernas de um anfíbio. Por isso, mamãe e os enfermeiros sempre colocam umas almofadas para segurar minhas pernas fracas e cansadas, que começam a doer. Eu também uso aquela mesinha que a gente usa para tomar a refeição na cama; as pernas dela seguram minhas pernas.

Mas olha, minhas pernas apenas se parecem com as de um batráquio, porque na verdade elas são pernas missionárias, mesmo estando arqueadas na cama. Ah, prepare-se! Prepare-se porque já, já, vou dar um pulo maior que o de um sapo, vou dar um pulo de canguru, aqui da cama, viu?

Lembra daquela história do príncipe que virou um sapo e cujo feitiço foi desfeito com um beijo? Pois olha, sem querer eu me tornei o maior beijoqueiro da paróquia! Como a minha voz fica meses sem sair, tenho de me valer de alguns recursos para me comunicar. A leitura labial é o meio mais frequente que as pessoas usam para me entender. Faço gestos e às vezes escrevo na lousa ou num papel, mas, para chamar as pessoas e conversar com elas, também uso muito os beijos.

Acontece que eu descobri que consigo fazer alguns sons com a boca, como o som do beijo. Consigo até conversar no telefone só com beijos, acredita? Meu irmão me liga e diz: "Se a mamãe está perto de você, dê um beijo; se ela está no banho, dê dois beijos. Se você está com dor, dê um beijo. Se preciso comprar algum remédio para você, mande dois beijos", e assim vai.

Quando a vida nos tira um talento, outros são potencializados. Eu me tornei o maior beijoqueiro da paróquia!

Alguém me perguntou como eu me sinto sem falar. Na verdade, eu falo; é a voz que não sai – e às vezes fico meses a fio sem ela. Sim, minha gente, meses sem voz! Deus seja louvado! A quem fica preocupado por eu não estar falando, então respondo: "Não tem problema, eu falo pelos cotovelos!". E antes que alguém me pergunte se, por conta disso, eu sofro de dor de cotovelo, já vou avisando: não! Tenho outros tipos de dor, mas de cotovelo, não! Deus me livre da dor de cotovelo... que triste é ter essa dor.

Não estranhe se fico nesse vaivém em busca da saúde, se melhoro um pouco e, logo em seguida, dou alguns passos para trás. Minha alma faz movimentos rítmicos e nem um pouco aleatórios. É que eu não tenho luz própria; vivo pela busca do meu sol: Jesus, a luz sem ocaso. Mesmo nas noites mais escuras, nunca provei da inércia ou da apatia do meu corpo. A vida nunca se ausentou da minha vida. Sempre vivi e sempre viverei da luz que há no sol. Sou como um girassol: giro em torno do sol. Vivo em busca de um pouquinho de açúcar no meu limão!

Todos os dias, agradeço muito a Deus por ser padre. Na minha ordenação, no ano 2000, eu ainda não tinha pernas de sapinho e também não era beijoqueiro. Essa doença devastadora, com a qual Deus está me curando, foi se manifestando ao longo da minha vida de maneira branda.

A partir de 2010, comecei a buscar um diagnóstico. De 2014 para cá, ela tem sido implacável. É um milagre eu ser padre. Se soubéssemos da minha doença, eu não seria ordenado padre. Lembro-me de que eu dormia no banheiro nos primeiros anos do meu ministério; dormia até diante do fiel nas confissões.

Mesmo sendo eu tão frágil, tão pequeno, tão limitado, tão pecador, o Senhor quis contar comigo! É mesmo um mistério… a escolha que o bom Deus fez de mim para o sacerdócio é um grande mistério. Como ressaltava a madrinha Santa Teresinha do Menino Jesus, "Jesus chamou os que Ele quis".

Minha gente, eu já sei o que eu seria se não fosse padre. Se eu não fosse padre, eu seria… padre! Se mil vidas eu tivesse, nas mil vidas eu seria padre. Na verdade, eu só sirvo para ser padre, porque fui feito para ser padre, porque nasci para ser padre! Só sei ser padre… para ganhar o céu e levar alguém para lá, só preciso ser padre, viver como um padre e fazer coisas de padre. Se mil vidas eu tivesse, nas mil vidas eu seria Missão Sede Santos.

"O que o ser humano realmente precisa não é um estado livre de tensões, mas antes a busca e a luta por um objetivo que valha a pena, uma tarefa escolhida livremente. O que ela necessita não é descarga de tensão a qualquer custo, mas antes o desafio de um sentido em potencial à espera de seu cumprimento." (Viktor Frankl)

Sei que você já reza por mim. Aliás, se estou vivo e se tudo tem saído tão bem, é porque você reza por mim. Hoje te peço, por favor, uma ave-maria bem rezada, não só por mim, mas por todos os padres, em especial, pelos padres cansadinhos, doentinhos, com ansiedade, depressão ou *burnout*; pelos padres desanimados, tristes, que não estão na graça de Deus, que se sentem sozinhos, que não têm uma família e uma comunidade; pelos padres que pensam em se suicidar, em se enforcar, em se envenenar como uma saída para o seu sofrimento; pelos padres que chagam Jesus com seu modo de vida e jeito de viver o ministério sacerdotal. Pode ser? Ah, reze também pelos vocacionados e suas famílias e amigos, pelos seminaristas, pelos formadores de novos padres...

A quem me pergunta se vale a pena ser padre, respondo sem titubear: "Vale não a pena... vale a vida! A vida eterna para mim, padre, e para você, por quem sou padre!". Amém? O limão vale a pena.

"A fé faz que saboreemos, como que de antemão, a alegria e a luz da visão beatífica, termo da nossa caminhada nesta Terra. Então veremos Deus 'face a face' (1Cor 13,12), 'tal como Ele é' (1Jo 3,2). A fé, portanto, é já o princípio da vida eterna." (Catecismo da Igreja Católica, 163)

Eu vivo pela fé, a fé que não é só minha, que não é intimista, mas eclesial, em busca de um pouquinho de doce no meu limão do viver. Minha boca já enche de água só de imaginar a limonada. Ah, como são necessários os nossos limões dos pomares, jardins e quintais de nossa alma...

Dê de beber da sua limonada

"Senti nascer em meu coração um grande desejo de sofrer e, ao mesmo tempo, a íntima certeza de que Jesus me reservava um grande número de cruzes... O sofrimento se tornou minha atração, ele tinha encantos que me fascinavam sem os conhecer. Até então sofrera sem amar o sofrimento; desde aquele dia senti por ele um verdadeiro amor." (Santa Teresinha do Menino Jesus)

"O ser humano não é completamente condicionado e definido. Ele define a si próprio seja cedendo às circunstâncias, seja se insurgindo diante delas. Em outras palavras, o ser humano é, essencialmente, dotado de livre-arbítrio. Ele não existe simplesmente, mas sempre decide como será sua existência, o que ele se tornará no momento seguinte." (Viktor Frankl)

Tenho um pequeno grande amigo, o Rafinha, que sempre reza por mim e me visita no hospital. Ele é filho de nossos missionários, meus amados filhos, Fernando e Joice, e também neto de missionários. Num dia desses, o Rafinha foi pular do balanço e prendeu o pé nele, o que o fez cair e rasgar a parte traseira da cabeça. Dias depois, perguntei a ele se tinha sarado. Ele me respondeu: "Não sei se sarei, padre. Não estou enxergando o meu machucado!".

Moral da história: olhe menos para as suas feridas e você ficará menos doente. Amém? Há quem olhe demais para seus limões, e há quem logo os transforme, com criatividade e santidade, em uma deliciosa limonada. Prefiro sempre olhar para o Senhor, mesmo quando não entendo nada. Deus não conta tudo para nós. Meu amado Dom Henrique Soares da Costa um dia me disse que "Deus não conta é nada". Se Ele contasse, nós, por medo, não o seguiríamos. Há um quadro que me acompanha desde 1988, quando eu tinha 15 anos e fui batizado no Espírito Santo. Ele ficava na cabeceira da minha cama e, desde que vim para a cama hospitalar, está do lado dela. Quando o batismo veio, eu mal podia imaginar o que me esperava, tanto em termos de alegria como em termos de desafios, mas eu sempre confiei e nunca deixei de provar o socorro de Deus na minha vida.

No quadro estão estes dizeres da madre Basilea Schlink:

Quando você se achar necessitado, diga a Deus:
Meu Pai, eu não Te entendo,
   mas, mesmo assim, confio em Ti.
Assim você provará seu socorro.

Uma estudante perguntou à renomada antropóloga Margaret Mead qual seria o primeiro sinal de civilização. Ela esperava que Margaret dissesse que era um pote de barro. Ou, quem sabe, uma pedra de amolar. Talvez, uma arma. Após pensar por uns instantes, a antropóloga disse, para a surpresa da estudante e de todos que a circuncidavam: "Um fêmur curado".

Ligando o quadril ao joelho, o fêmur é o osso mais longo do corpo. Em sociedades que não têm os benefícios da medicina moderna, são necessárias cerca de seis semanas de descanso para que aconteça a cicatrização de um fêmur fraturado.

E o que evidencia um fêmur curado? Que alguém cuidou da pessoa ferida, fez a caça e a coleta que lhe competiam, ficou junto dela e lhe ofereceu proteção física e companhia até que a lesão pudesse ser curada. Com Margaret Mead, podemos concluir que o primeiro sinal de civilização é a compaixão, vista a partir de um fêmur curado.

O fêmur curado remete não somente à história das civilizações, mas também à nossa cura. A distância de um fêmur é a distância das civilizações. A distância das cruzes – nossas e alheias – é a distância da nossa cura. A distância entre um limoeiro e nós é a nossa cura.

"(...) O drama da fome no mundo chama os cristãos que oram com sinceridade a assumir uma responsabilidade efetiva em relação aos seus irmãos, tanto nos seus comportamentos pessoais como na sua solidariedade para com a família humana. (...)" (Catecismo da Igreja Católica, 2.831)

Quando a receita é boa e pelas nossas mãos o seu feitio dá certo, nós a partilhamos, damos de comer, damos de beber ao Cristo faminto e sedento no irmão que passa ao largo da nossa vida. Que tal partilhar com sua família, colegas de trabalho, amigos, no WhatsApp e nas suas redes sociais o que o Senhor está fazendo na sua vida por meio da leitura deste livro? Partilhe suas receitas que usam limão. Ensine a fazer receitas com limão. Não morra com seus limões, dê sentido à sua vida! Preencha o seu tempo de vida partilhando os seus limões. Dê de beber da sua limonada!

Há vida que se esconde no limão

"O bom Deus se dignou fazer passar minha alma por muitos gêneros de provações; muito tenho sofrido sempre porque estive neste mundo, mas, se na minha infância sofri com tristeza, não é mais assim que sofro agora; é na alegria e na paz. Sou verdadeiramente feliz por sofrer." (Santa Teresinha do Menino Jesus)

"A morte só pode causar pavor àqueles que não sabem como preencher o tempo que é dado para viver." (Viktor Frankl)

Quando partirmos, o que sobrará de nós? Posso perguntar de outra forma: quando morrermos, o que os vermes não comerão de nós? Nossas boas obras e bons exemplos, no mínimo, precisam ser a nossa herança.

Recordo-me, neste instante, de Santa Isabel de Portugal, que é conhecida carinhosamente como "a Rainha Santa". Uma de minhas mães portuguesas, Isabel Vaio, dileta filha da rainha, levou-me para conhecê-la. Santa Isabel foi casada com Dom Dinis, o primeiro rei de Portugal, e sofreu com as inúmeras traições do marido. Quase setecentos anos após a sua morte, é possível ver, em Coimbra, a sua mão direita intacta, mão com a qual fez muita caridade. Há vida, muita vida, que se esconde naquela mão.

Mais dois santos cito agora para você (tenho a graça de os três serem grandes amigos meus!). O primeiro é o português e amadíssimo Santo Antônio de Lisboa. Quase oitocentos anos após a sua entrada no céu, podemos contemplar intacta, em Pádua, na Itália, onde ele morreu, a sua língua, com a qual pregou o Evangelho e converteu muitos hereges. Há vida, muita vida, que se esconde naquela língua.

O outro santo de quem quero falar é São Leopoldo Mandic. Frei capuchinho, também morreu em Pádua. Lá está intacta, desde 1942, quando entrou na glória de Deus, a sua mão direita, com a qual, dia e noite, absolvia os pecados das multidões de penitentes. Há vida, muita vida, que se esconde naquela mão.

Agora, pergunto novamente a você: o que deixaremos de nós quando o Senhor nos chamar? O que damos para Deus não seca, não murcha, não estraga. Se fizermos bom uso do nosso corpo, dons e talentos, nossa vida continuará glorificando a Deus. Portanto, dê o seu melhor para Deus. Dê o melhor de si para os outros. Faça o bem enquanto é tempo e o bem nunca deixará de ser feito! Não se resuma aos seus limões puros e intactos. Amém?

Há dor em ser o que sou? Há, muita, mas também há suas delícias. Porém, não estou sozinho, nem na dor nem na delícia. O que me dá força para ser o que sou, seja na dor, seja na delícia, é precisamente isto: o Senhor está comigo! E você também! Então, juntos, bora lá!

E aí? Há dor e delícia em você ser o que é? Se isso agrada a Deus, por favor, não o deixe de ser. Este é o segredo da felicidade: agradar a Deus, não a si mesmo nem a uma outra pessoa. Por isso, ninguém pode julgar ninguém, porque cada um sabe a dor e a delícia de ser o que é. Amém?

Meus dias não têm sido muito fáceis. Talvez os seus também não. Outro dia, mamãe Carminha veio me consolar dizendo: "Se tudo fosse fácil, meu filho, nada seria difícil". Gente, sabe o que aconteceu? Tive tamanho ataque de riso com essa frase dela que engasguei com o café. Eu engasgo até com o café, mas não com a fé. Detalhe: eu não estava nada desanimado. Em outro momento, ela soltou esta pérola: "Coragem, meu filho! Se não der certo, vai dar errado". Aqui em casa é assim o dia inteiro: um disparate de pérolas e sorrisos entre lágrimas.

"O perdão do pecado e a restauração da comunhão com Deus trazem consigo a abolição das penas eternas do pecado. Mas subsistem as penas temporais. O cristão deve esforçar-se por aceitar, como uma graça, estas penas temporais do pecado, suportando pacientemente os sofrimentos e as provações de toda a espécie e, chegada a hora, enfrentando serenamente a morte: deve aplicar-se, através de obras de misericórdia e de caridade, bem como pela oração e pelas diferentes práticas da penitência, a despojar-se completamente do 'homem velho' e a revestir-se do 'homem novo' (Ef 4:24)." (Catecismo da Igreja Católica, 1.473)

Há dor e delícia em ser quem sou. Há dor e delícia na sua vida. Há vida na sua vida! Há vida que se esconde no limão, no perdão que damos e no perdão que recebemos, nas penas que nos destemperam e nas penas que nos temperam, no nosso sofrimento e no sofrimento do nosso irmão, na evangelização-limonada que fazemos para sobreviver e viver bem, para ter vida e levar uma vida reta e abençoada, na obra de misericórdia e caridade que é ir além dos limões dos canteiros da vida. Há vida que se esconde no limão.

A minha melhor limonada

"Não é o que Ele nos dá desde algum tempo. É a cruz, só a cruz que Ele nos dá para repousar." (Santa Teresinha do Menino Jesus)

"O homem não pode prosseguir sendo considerado como um ser cuja preocupação básica é a de satisfazer impulsos e gratificar instintos, ou então, reconciliar o id, o ego e o superego: nem a realidade humana pode compreender-se, meramente, como resultados de processos condicionantes ou reflexos condicionados." (Viktor Frankl)

Como padre, o melhor que posso fazer é, na minha cama, celebrar piedosamente e todo dia, com e pela Igreja Militante, Padecente e Triunfante, a Santa Missa e a Liturgia das Horas (o Breviário). Essa é a minha melhor e maior solidariedade: da cama, dar-me, ser curado de mim mesmo, sair de mim em missão ao coração de cada pessoa, como uma terra de missão.

O melhor que posso fazer pela humanidade sacrificada pelo pecado é sacrificar-me na santidade de vida, fazer do meu peito um altar, das minhas mãos um manustérgio, da minha alma uma patena. Muitas vezes, na hora da consagração na Santa Missa, por conta da fraqueza, coloco o cálice sobre meu peito. O melhor que posso fazer é todo dia ter em minhas mãos a Hóstia Consagrada e consagrar-me como Hóstia do Senhor, numa imolação do mais puro amor. O melhor que posso fazer, enquanto padre, é ser altar, sacerdote e vítima (cordeiro).

"Só o desejo de ser vítima basta!" (Santa Teresinha do Menino Jesus)

"Você não deve se envergonhar das lágrimas, elas são o testemunho de que um homem teve coragem, a coragem de sofrer." (Viktor Frankl)

Ser vítima… se dar algo a Deus já é louvável, muito mais o é dar algo de si; mais sublime ainda é dar de si ao Senhor em caráter de reparação dos ultrajes ao Senhor e à Santa Igreja (e tudo o que existe de mais sagrado) e de expiação pelos pecadores.

O venerável Bispo Fulton Sheen, meu amado amigo do céu, explica, como nunca li em lugar nenhum, no seu livro *O sacerdote não se pertence* – que todo padre deveria ler –, como todo sacerdote carrega consigo a condição vitimária. No entanto, ele reflete: "nossos seminários nos preparam para sermos bons padres, mas não para sermos santos e vítimas".* Todo padre deveria ler este livro, lançado em português pela querida Editora Molokai, de São Paulo.

"Hóstia", palavra latina, é sinônimo de "vítima". Os romanos chamavam os animais sacrificados em honra dos deuses de "hóstia". Todo cristão é chamado a ser uma hóstia, uma vítima de amor. Disse Jesus: "Ninguém tem maior amor do que aquele que dá a sua vida por seus amigos" (Jo 15,13). E São Paulo: "Eu vos exorto, pois, irmãos, pelas misericórdias de Deus, a oferecerdes vossos corpos em sacrifício vivo, santo, agradável a Deus: é este o culto espiritual" (Rm 12,1).

Em janeiro de 2021, na UTI do hospital, na presença do caríssimo Padre João Henrique Porcu (um dos padres que mais me visitam), um dos fundadores da Aliança de Misericórdia, fiz um vínculo com o Movimento Aliança de Misericórdia, ofertando minha vida como "Vítima da Misericórdia", como a madrinha Santa Teresinha também fez, ofertando sua vida como Vítima do Amor Misericordioso de Jesus.

Esse vínculo, no Movimento Aliança de Misericórdia, é o ato formal de oferecer a própria vida, os próprios sofrimentos, pela conversão dos pecadores, pela evangelização, pela Aliança de Misericórdia, pelos pobres mais pobres dos quais a Aliança de Misericórdia cuida em vários países.

---

* SHEEN, Fulton J. *O sacerdote não se pertence*. São Paulo: Molokai, 2020.

É a oferta amorosa da cruz e da vida crucificada pelo sofrimento. Abracei comunitariamente a minha cruz.

Eu já vivia nesse espírito de vítima desde minha ordenação sacerdotal no ano 2000. Nos últimos anos, graças a Deus, esse entendimento cresceu muitíssimo em mim e, por conseguinte, a minha oferta. A verdade é que tenho desejado, como nunca, ser mártir. Se o bom Deus achar que sou digno dessa graça, eu a aceitarei de todo o coração.

Sou um caso raríssimo mesmo: sendo, pela misericórdia divina, fundador de uma Nova Comunidade – a Missão Sede Santos –, também sou oficialmente membro de outra Nova Comunidade, a Aliança de Misericórdia. Coisas que só Deus explica.

Esta oração, composta pelo Beato Padre Mazzucconi, do PIME (Pontifício Instituto para as Missões Estrangeiras), é uma das mais belas que conheço. Ela fala do bem-aventurado desejo de evangelização, que se estende até o bem-aventurado martírio, se necessário:

"Santíssima Trindade, Pai e Filho e Espírito Santo, Deus Uno na essência e Trino nas Pessoas, meu princípio e último fim, eu, miserável pecador, imbuído dos mais vivos sentimentos de adoração, gratidão e amor para com vossa bondade infinita, que por graça inestimável tive a sorte de conhecer; e juntamente comovido, no mais íntimo do coração, pela indizível desgraça de tantos meus irmãos que jazem ainda sepultados nas trevas e nas sombras da morte, especialmente daqueles que estiveram, até hoje, inacessíveis à bela luz do Santo Evangelho, decidi, com vossa ajuda, me esforçar, a custo de qualquer sacrifício, de qualquer fadiga ou incômodo, até da vida, para a salvação daquelas almas, que custam, elas também, todo o sangue da redenção. Bem-aventurado aquele dia em que me será concedido sofrer muito por uma causa tão santa e piedosa; mas ainda mais bem-aventurado aquele em que for julgado digno de derramar, por essa, o meu sangue, e de encontrar, entre os tormentos, a morte! Meu Deus, que me inspirais esses propósitos tão superiores às minhas débeis forças, fazei-me forte com aquele Espírito onipotente do qual cumulastes os vossos santos apóstolos.

Maria Santíssima Imaculada, advogada e nossa mãe amorosa, por aquela alegria que provastes, quando vos foi anunciada pelo anjo a Encarnação do Verbo no vosso puríssimo seio, obtende-me a graça de levar, até os últimos confins da terra, o Nome adorado de vosso divino Filho, juntamente com o vosso. Anjos tutores das Nações, Santos Apóstolos Pedro e Paulo, São Francisco Xavier, Santa Teresinha do Menino Jesus, rogai por mim. Amém!"

Em novembro de 2021, recebi um dos maiores presentes da minha vida: Dom Wilson presidiu a Santa Missa no meu quarto, que é minha capela, que é minha UTI em casa. Na presença de Dom Wilson, nosso queridíssimo bispo diocesano de Taubaté, e dos caríssimos Padres Patrick e Cipriano, ofertei, mais uma vez, a minha vida, resumindo a minha oferta, por orientação do meu amado Bispo Dom Wilson, como uma oferta "pela santificação da Igreja e dos padres". Pronto, ofertei, com amor, os frutos da minha cruz por todos. Abracei eclesialmente a minha cruz. Beijei para sempre e como nunca a minha cruz.

"Muitos são aqueles que ouvem a voz do Senhor e se encaminham para ela, mas nem todos têm a força para seguir até o fim, porque Jesus celebra as núpcias com a alma sobre a cruz, e à cruz não se chega senão percorrendo o caminho do calvário."
(Beata Maria Josefina de Jesus Crucificado)

Tenho grande pena de quem se guarda para si, de quem se conserva para si mesmo, de quem não ouve a voz, de quem não se encaminha para ela e deixa os seus limões apodrecerem.

Ir até o calvário e, com alegria e paixão, ofertar ao Senhor a própria cruz pela salvação do outro é o que dá sentido à cruz que cada pessoa carrega. A cruz de cada homem e mulher é o mais alto chamado à santidade. Você precisa de um cireneu e também precisa ser um cireneu; isso é um princípio de solidariedade. É o máximo princípio de solidariedade humana: dar a vida, em Jesus, por alguém, para que essa pessoa receba Jesus.

O limão nos acorda

"Meu irmão, os inícios do seu apostolado estão marcados com o selo da Cruz, o Senhor o trata como privilegiado; é muito mais pela perseguição e pelo sofrimento do que por brilhantes pregações que Ele quer afirmar seu Reino nas almas." (Santa Teresinha do Menino Jesus)

"O homem que não passou por circunstâncias adversas realmente não se conhece bem." (Viktor Frankl)

Abra o jogo comigo: você já dormiu durante uma oração? E durante a Santa Missa? Pois vou contar para você (e que fique só entre nós): eu já! Já dormi durante alguma oração e até mesmo durante a Santa Missa. Pior: já dormi durante a missa que eu mesmo estava presidindo. Jesus amado...

Quando os sintomas da minha enfermidade estão mais presentes, o sono fica mais forte devido ao grande cansaço e à severa fadiga. Tive muito sono durante toda a vida. Já dormi em algumas missas minhas, celebradas aqui na cama (e olha que são muito rápidas), durante a refeição (é um perigo engasgar!) e também no banheiro.

Na missa, os meus pais pensaram que eu estava recolhido em profunda oração. No banheiro, perceberam a minha demora e foram me socorrer. Ainda bem que sempre deixo a porta aberta – até porque não vou sozinho a lugar nenhum.

É claro que não gosto disso e, quando acontece durante a Santa Missa, não se trata de descuido meu ou de falta de decoro espiritual. Luto tenazmente contra isso. Preciso vencer em mim o sono físico e o da alma, superar toda e qualquer forma de letargia.

O Papa Francisco já nos confidenciou que, às vezes, cochila durante a adoração eucarística. Segundo ele, o importante é insistir em estar ali com o Senhor, e disso o Santo Padre não abre mão.

Santa Teresinha do Menino Jesus contou que, desde criança, dormia durante as orações, mas a paz a invadia ao recordar que Jesus dormia na barquinha do seu coração. Ela também contou que rezar o terço lhe custava muito, o que ela não compreendia, já que amava tanto a Virgem Maria.

É verdade que o sono pode estar relacionado à paz e à sensação de relaxamento que a oração traz (e aí vem bocejo, a lacrimação...). Porém, em alguns casos, tudo isso é puro combate espiritual ou, às vezes, alguma libertação pela qual você está passando. Que o bom Deus nos dê discernimento e, claro, que façamos a nossa parte. Amém? Assinado: Padre Soneca.

São os santos que nos acordam, quando estamos dorminhocos na fé, nas obras de caridade. Os santos acordam o mundo indiferente e apático a Deus, letárgico e adormecido no pecado.

Estou aqui com um dos meus maiores amigos padres: o Beato Padre Eustáquio. Como eu, ele era devoto da venerável Odetinha, que, por sua vez, também era muito devota de Santa Teresinha. Padre Eustáquio acordou muita gente que tinha uma fé insossa ou confusa, uma fé doente ou doentia.

O Padre Eustáquio foi um exemplar pároco e missionário da Congregação dos Sagrados Corações de Jesus e de Maria e da Adoração Perpétua ao Santíssimo Sacramento do Altar. Tinha muitos dons extraordinários, entre eles o de cura. Aprendi com ele a minha costumeira saudação "Saúde e paz!".

Por duas vezes tive a graça de estar no seu Santuário da Saúde e da Paz, na capital mineira. Fui convidado para celebrar e pregar em sua novena e festa. Devo ao Padre Eustáquio minha gratidão pela sua intercessão preciosíssima em meu ministério sacerdotal e em favor dos enfermos para os quais o bom Deus me fez.

Abençoo, agora, você e os seus, sobretudo a saúde de cada um de vocês, com a imagem e relíquia do Padre Eustáquio que agora trago em mãos e também com a oração que ele costumava rezar sobre os enfermos ao abençoá-los.

BÊNÇÃO DA CURA

Oração composta pelo Beato Padre Eustáquio van Lieshout

"Ó, meu Jesus, eu vos amo. Eu vos amo com a vossa cruz, com o vosso sofrimento, com o vosso amor imenso. Ó, Jesus, pelo sangue que derramastes e pelas lágrimas de vossa Mãe Santíssima, dai vista aos cegos, andar aos paralíticos, saúde aos enfermos, paz a todos os que sofrem e padecem. Meu Jesus, vossos passos quero seguir, vossas palavras falar, vossos pensamentos pensar, vossa cruz carregar, vosso corpo comer, vosso sangue beber, o pecado detestar e o céu alcançar. Amém."

Receba a bênção da saúde e da paz. Nestes tempos tão difíceis de gente apurada e desorientada, de cansaço e desgaste mental, de tantos medos e incertezas, essa bênção é bastante oportuna, não é mesmo?

Imagine quantos limões azedos o Padre Eustáquio teve de chupar e quantas limonadas ele teve de fazer. Quantos limões os padres têm de chupar? Ah, eu já chupei inúmeros limões; já fiz inúmeras limonadas. E você? Meus limões são minha vida, seus limões são sua vida! Sem eles ficaríamos amorfos, apáticos e anestesiados. Louve a Deus pelos seus limões. Beba agradecido suas limonadas cotidianas.

Deus não nos prometeu facilidades, Ele nos prometeu felicidade! Deus não nos prometeu a limonada, Ele nos prometeu os limões! Acordemos do pecado pelo coração penitente e pelas obras de penitência. Acordemos os irmãos com nossa vida penitente e santa, nossa vida convertida para o Senhor. Os limões da vida nos acordam. O cristão não dorme nunca!

Acolha seus limões de bom grado!

"De que coragem preciso para fazer um sinal da Cruz!" (Santa Teresinha do Menino Jesus)

"O homem deve estar consciente de que sua missão é viver uma vida plena de sentido e dar respostas transcendentes a cada situação. Pois, cada vez mais, as pessoas têm os meios para viver, mas não têm uma razão para viver." (Viktor Frankl)

O que faz um mineirinho saltar da cama e voar? Talvez você nem pense muito: "o queijo". De fato, o queijo exerce um grande fascínio sobre nós, mineiros. Mas não é só em Minas, não. Anualmente, há na Inglaterra uma "corrida do queijo". Inspirada numa corrida da época dos romanos, o queijo é lançado do alto de um morro. Quase ninguém consegue alcançar o queijo morro abaixo. Outro dia ganhei das minhas filhas espirituais Neuza e Regina uma peça de queijo unindo quatro tipos de queijo. Eu nem precisei correr atrás dele. Ele veio atrás de mim, na cama!

No entanto, se você respondeu que é o queijo que faz um mineirinho saltar da cama e voar, se enganou. É verdade que tenho uma verdadeira loucura por queijos, porém, tenho ainda uma loucura muito mais louca, que me arreda de mim mesmo e enlouquece: a loucura pela salvação das almas! A evangelização, o desejo de tornar Jesus mais conhecido, amado, seguido e adorado é o que me mantém vivo e me move. É a "loucura da

Cruz" (1Cor 1,18) que me deixa louco, como disse o apóstolo São Paulo. Por Jesus e pelas almas, estou disposto a tudo! Aceito tudo, topo tudo. Dei tudo, tenho sofrido tudo, tenho apostado tudo!

Às vezes somos tão exigentes, não é? Alguns remédios, dos muitos que tomo, precisam ser ingeridos com algum alimento. Eu estava, então, desmontado (não era nem dormindo, era desmontado mesmo, porque a doença me desmonta por conta da fraqueza e fadiga). Mamãe Carminha me acordou dizendo: "Filho, está na hora de tomar o remédio. Posso trazer uma bolachinha?". Gostei da ideia, mas quis saber: "Qual bolacha tem, mamãe?". Ela respondeu sem titubear: "Tem quadrada, redonda e retangular". Eu ri tanto! Aliás, estou rindo até agora... *num guento* a mamãezinha.

Moral da história: para que tanta exigência nesta vida? A gente deve aceitar de muito bom grado o que a vida nos dá, sem querer escolher muito. Não é acomodação, é gratidão. A simplicidade salva tudo. Menos é mais, amém? Acolha seus limões de bom grado!

Quer saber como eu dou conta? Quando as contas do Santo Rosário de Nossa Senhora passam pelos meus dedos, é aí que eu dou conta. Dou conta por conta das contas. Nem conto tudo de que já dei conta. Há certas coisas que a gente só conta para o padre que é nosso confessor ou diretor espiritual, como eu conto para o meu pai espiritual Padre Paulinho Gonçalves. Algumas pelejas pelas quais passei nesta vida – sobretudo uma! – só deixarei você conhecer nas minhas memórias póstumas.

Há uma oração que eu amo: a Súplica à Rainha do Santo Rosário de Pompeia, composta pelo Beato Bartolo Longo, um importante advogado italiano que viveu o auge da sua magistratura e perdeu toda a fama, clientela e dinheiro. Ele era um sacerdote satanista! Graças a Deus e à Santíssima Virgem Maria – mesmo no satanismo, Bartolo nunca deixou de rezar o rosário –, ele se converteu e se tornou o "apóstolo do Santo Rosário"; sob os restos da cidade arrasada pelo Vesúvio, em Pompeia, ele construiu um imponente santuário para Nossa Senhora.

SÚPLICA À RAINHA DO SANTO ROSÁRIO DE POMPEIA

(Beato Bartolo Longo)

Ó, rosário bendito de Maria, doce cadeia que nos prende a Deus, vínculo de amor que nos une aos anjos, torre de salvação contra os assaltos do inferno, porto seguro no naufrágio geral, não Te deixaremos nunca mais. Serás o nosso conforto na hora da agonia. Seja para Ti o último beijo da vida que se apaga. E a última palavra dos nossos lábios há de ser o vosso nome suave, ó Rainha do Rosário de Pompeia, ó nossa Mãe querida, ó Refúgio dos pecadores, ó Soberana consoladora dos tristes. Sede bendita em todo o lado, hoje e sempre, na terra e no céu. Amém.

A mamãe Carminha faz as limonadas para mim. A Mamãe do céu me ajuda a fazer as limonadas com os limões do dia a dia. Quero abençoar você e os seus, segurando em minhas mãos o Santo Rosário. Como eu o amo! Às vezes, rezo bem devagarinho o Rosário Mariano só para demorar para acabar esse alimento, esse doce, esse remédio que tão bem me faz.

Pela intercessão de Nossa Senhora do Rosário, a bênção de Deus para você e os seus, pelas mãos benditas da Sempre Virgem Maria, de quem, das Suas mãos, o Santo Rosário vem para as nossas mãos. Amém?

Outrora, a Virgem Maria entregou o Santo Rosário a São Domingos de Gusmão e a Santa Catarina de Sena. Hoje, ela o entrega a mim e a você para que o usando e divulgando bem consigamos acolher de bom grado os limões do viver e por meio deles sejamos mais agradáveis a Deus. Amém?

"O que a fé católica crê, a respeito de Maria, funda-se no que crê a respeito de Cristo. Mas o que a fé ensina sobre Maria esclarece, por sua vez, a sua fé em Cristo." (Catecismo da Igreja Católica, 487)

Maria é a aurora da nossa salvação. Gosto de chamá-la de aurora. Maria é a aurora, Jesus é o sol. Maria é a aurora de Jesus. É minha declaração de pertença a Jesus por meio de Maria na aurora de cada novo dia e na aurora do novo em minha vida. A cada dia, com Maria, faço as limonadas necessárias!

Estou no colo dela e ela no meu. Estou nas mãos dela e as contas dela nas minhas. Não me assusta tanto que a minha doença esteja avançando, pois Nossa Senhora avança como a aurora. Ela é temível como um exército em ordem de batalha. Na Missão Sede Santos, gostamos de dizer antes de cada missa e em outros momentos de oração e do cotidiano: "Avante, exército de Maria!".

Ofereço minha gratidão a esta família que desde o início da Missão Sede Santos cuida da nossa liturgia com tanto zelo e amor: Milton ("Tio"), Rosângela ("Tia") e Camila. Minha doença está avançando, mas Maria avança mais que ela. Nossa Senhora tem os pés mais ligeiros que a minha doença e que a sua doença também. Os passos de Maria são mais ligeiros que o meu sofrimento que avança e que o seu também. Amém?

Pessoas "limão azedo" nos fazem bem!

"Você não deve mais desejar ver o fruto recolhido de seus esforços." (Santa Teresinha do Menino Jesus)

"No passado nada está irremediavelmente perdido, mas está tudo irrevogavelmente guardado." (Viktor Frankl)

"O meu anjo da guarda saúda o seu anjo da guarda!" Você com certeza já me viu fazendo essa oração. Por exemplo, nas pregações na Canção Nova. Segredo (que agora deixará de ser segredo), eu a faço todo dia, várias vezes ao dia. E hoje, mais uma vez, convido você a rezar assim.

Eu não inventei nada disso, não, viu? Aprendi sabe com quem? Com diversos santos, doutores da Igreja e papas; com Santa Teresinha do Menino Jesus, São Pio de Pietrelcina, São Francisco de Sales e São João XXIII. Explico no meu livro *Que os Anjos Digam Amém: Orações aos Anjos*.

Sabe aquela pessoa difícil com quem você tem de lidar no dia a dia? Gente para quem você fala "A" e ela entende "B"? Pessoas que exercem alguma autoridade e estão para tomar alguma decisão em relação a você? O que acha de começar a rezar como os santos rezam? Eis um belíssimo segredo da mais fina e eficaz diplomacia espiritual. Não se trata de mágica, mas de um ato de fé. Convide seu anjo da guarda para saudar o anjo da guarda da pessoa que mais se parece com um limão bem azedo.

Pessoas tóxicas estão em todo lugar e para lidar com elas é preciso mais do que jogo de cintura: é preciso colocar os anjos da guarda para trabalhar.

Moral da história: há remédios diante de nós, bem próximos de nós e acessíveis; mas, por vezes, por desatenção ou agitação, nós não damos a eles o devido crédito. Há pessoas próximas de nós e acontecimentos do nosso dia a dia que podem ser remédios. São situações que, mesmo envolvendo dor, sofrimento ou ausência, podem trazer crescimento e cura. Por isso, preste mais atenção e tome os remédios que a vida se encarrega de te dar! Amém?

No convento, havia uma religiosa que fazia Santa Teresinha sofrer muito; pois foi essa a irmã que mais recebeu a atenção e os cuidados de Santa Teresinha. Isso santificou a irmã e à Santa Teresinha também.

Preste atenção e tome com boca boa as limonadas que a vida se encarregou de te dar! Até mesmo pessoas que nos fazem mal podem estar nos fazendo bem. Qualquer pessoa (umas mais que outras, é verdade) pode ser um remédio para você, mas não deixe de saudar o anjo da guarda dela para o relacionamento de vocês ser o melhor possível.

Talvez você sofra de uma tremenda baixa autoestima. Quero indicar um lindo filme: Rainha de Katwe, a história real de Phiona Mutesi, uma menina negra que superou obstáculos como pobreza e racismo e se tornou uma das melhores jogadoras de xadrez do mundo. Algumas frases do filme são bastante inspiradoras:

"No xadrez, o pequeno vira grande. O peão, a peça mais fraca do jogo, vira rainha depois de atravessar todo o tabuleiro."

"Muitas vezes, o lugar em que você está acostumado a estar não é o seu lugar. Você pertence ao lugar ao qual acredita pertencer."

"Desenvolva suas próprias estratégias."

"O cérebro é a sua mais poderosa ferramenta."

"O caminho mais fácil nem sempre é o melhor."

Muito obrigado, Phiona Mutesi. Você não me conhece, mas trouxe luzes ao meu momento atual, me fez chorar (o que não é muito difícil) e me deu muita saudade da minha amada África, para onde espero voltar, de alguma maneira, se Deus quiser.

Vou contar algo muito importante sobre a minha vida: houve pessoas que me colocaram para baixo? Sim, muitas e muitas vezes. Houve pessoas que me difamaram? Sim. Houve pessoas que me traíram, caluniaram, machucaram? Sim. Houve pessoas que quiseram me deter na evangelização? Sim! Mas elas, sem saber, estavam me tornando mais forte. Aqueles limões – não os que elas tinham, mas que elas eram! – me fizeram ter a garra que tenho hoje. A garra e a graça.

Olha, se não te permitirem colocar tapetes na casa inteira, coloque tapetes na sola do seu sapato. O efeito vai ser o mesmo. Se quem me feriu mudou, eu não sei. Alguns mudaram. De outros, não sei. Mas uma coisa eu te garanto que aconteceu: eu mudei! Mudei para melhor, ganhei resistência. Tornei-me resiliente. Por que eu não devolvi, na mesma moeda, aos meus ofensores e algozes? Por que eu, graças a Deus, não sou igual a eles. Amém?

Você não imaginava que pessoas "limão azedo" poderiam te fazer bem, não é? Não seja indiferente a elas, nem ao seu passado de dor e de desavenças, de vicissitudes e de contrariedades. Ah, como amo as pessoas "limão azedo" da minha vida". Espremer os limões azedos e deles fazer e servir a limonada mais fresquinha que pudermos para quem não pode nos recompensar ou não merece é prova de misericórdia, ação de Deus em nossa vida. É prova de maturidade cristã e de amor genuíno.

Permita-se a limonada!

"Ele me fez desejar sempre o que Ele queria me dar. Começará Ele no céu a não mais atender aos meus desejos?" (Santa Teresinha do Menino Jesus)

"Quando uma pessoa não consegue encontrar um sentido profundo do seu significado, se distrai com o prazer." (Viktor Frankl)

Eu não me canso de ser e de dizer que sou o bebê de Nossa Senhora. Gente, olha só o que o meu celular fez! Ele organizou, por conta própria, um álbum chamado "Bebê". Em um período de dois anos, reuniu fotos em que eu ou eu e mamãe estamos juntos com bebês ou criancinhas. Também há fotos em que estou com o Bebê Jesus! Até uma cadelinha aparece – o celular pensou que ela fosse um bebê, mas se enganou, porque ela já era uma cadelinha adulta.

Por que o celular viu um bebê ali? Em um encontro "Maria, passa à frente!", lá na Canção Nova, contei para todo mundo o que a minha sobrinha Mariana me disse quando me viu novamente usando fraldas nas mais recentes internações: "É, tio padre, você é mesmo um bebê!". Acrescentei, sem hesitar: "O bebê de Nossa Senhora!". A Marianinha arrematou: "Bebezão! Tio padre, você é o bebezão de Nossa Senhora!".

Há pessoas que querem aparecer, insinuar, aparentar, ostentar, iludir, fingir, dissimular. Quanto a mim, eu me contento em ser o que até o meu celular reconheceu: um bebê, o bebê de Nossa Senhora. E a Virgem Maria cuida muito bem do seu bebezinho aqui, viu? Refugio-me no seu regaço maternal, e Ela advoga todas as minhas causas perante Jesus. Ah, mexe comigo para você ver! Eu conto tudo para minha Mãe. Como? Ela conhece (reconhece e distingue!) os meus vagidos e gemidos, chorinhos e chororôs nas ave-marias do meu rosário diário, nas contas cotidianas do meu viver.

O que você acha de abrirmos, juntos, o maior berreiro? Vamos de buá? Aproveite que o tempo é oportuno! Não queira se embelezar. Tampouco se embebedar. Permita-se, isso sim, se embebezar. Amém?

A concha precisa se permitir a pérola. Você precisa se permitir a limonada!

Não sou de ficar procurando pelo em ovo, mas deixo que procurem pelos na minha tubulação de respiração artificial. Foi o que a dedicada fisioterapeuta Marina Oliveira fez e adora fazer, graças a Deus. Meu competente barbeiro Digão aparou a minha barba direitinho e, por um descuido meu, um fiozinho dela entrou no tubo que liga o respirador mecânico à minha garganta. Nem queira imaginar o que aconteceu. Eu quase morri! Foi uma coisa horrível, um tremendo engasgo que terminou em muito sangue.

Entendi o recado do Senhor: não devemos procurar pelo em ovo à toa (a não ser que haja algum indício de pelo no ovo, como foi e é o meu caso), mas devemos ser atentos aos pequenos vícios, maldades e pecados. Eles podem causar em nós um grande desastre, inclusive nos levar à morte.

O grãozinho de areia fere a concha, mas a faz perolar. O que você permite no seu dia a dia, as concessões que você faz, devem ser para o seu bem. Só para o seu bem. Permita-se a limonada! Não se distraia com a beleza (ou feiura) da paisagem a ponto de desistir de chegar. Não se distraia com os limões nem com as lagartas... rume às limonadas e às borboletas!

Permita-se a limonada. Nossa Senhora é aquela que mostra o caminho, é a toda santa, é o nosso modelo de cristãos. (Cf. Catecismo da Igreja Católica, 493, 967 e 2.674)

Posso ajudar você a espremer o seu limão?

"É seguro que Deus não pode enganar uma esperança tão cheia de humildade, todos os favores que recebemos são uma prova." (Santa Teresinha do Menino Jesus)

"Nenhum homem deveria julgar, a menos que se pergunte com absoluta honestidade se, em uma situação semelhante, ele não faria o mesmo." (Viktor Frankl)

Você não precisa ser como eu. Creio que sou um milagre, tanto por estar vivo e bem como pela resiliência e alegria que o Senhor me deu. Mas gostaria de pedir ao Senhor esse milagre também para você!

Não te julgo pelo que você faz nem pelo que você tem vivido, mas quero perguntar: posso te dar uma mãozinha? Pedi emprestada ao papai uma mãozinha de coçar. Alguns medicamentos me dão uma baita coceira como efeito colateral, e nem sempre os movimentos me são fáceis. Em algumas ocasiões, me fadigam ainda mais. Então, a mãozinha para me coçar tem sido verdadeiramente uma mão na roda para mim! A mãozinha de coçar, de que mais gosto, eu trouxe de uma peregrinação a Lourdes, onde Nossa Senhora apareceu, na França. Está escrito na mãozinha: "Eu coço onde você quiser".

Muitas pessoas me contam que tenho dado uma mãozinha para elas nos seus problemas, doenças e desafios do dia a dia. Escrevem coisas tão lindas, tão fortes e tão sérias para mim que fico até sem saber onde colocar as mãos. São tantos os testemunhos! Muitos dizem que se inspiram em mim, na maneira como tenho levado a vida, enfrentado a enfermidade e buscado evangelizar. Citam também a minha família, que está sempre comigo e em tudo.

Bom, por tudo isso, dou glória a Deus. Toda a glória seja dada a Ele! Sei que tudo isso vem d'Ele e tenho buscado fazer de tudo para levar cada pessoa a Jesus, e Jesus a cada pessoa. Jesus precisa ser mais conhecido, amado, seguido e adorado! "Ai de mim se eu não evangelizar" (1Cor 9,16).

Olha, agora vou confidenciar algo a você: se eu tenho te dado uma mãozinha, você também tem me dado uma bela mãozinha, viu? Uma das maneiras que a Divina Providência me deu para eu viver o meu ministério em meio à enfermidade (e assim continuar vivo e sendo padre) é assim: junto com você! Eu abro o meu coração para você, você abre o seu para mim. Juntos, abrimos o nosso coração para o coração de Jesus.

Um vai ajudando o outro, e juntos vamos ajudando a muitos. E temos ficado mais fortes, amém? Sabe, você que lê meus livros, que me segue nas redes sociais, é meu cireneu, me ajudando a carregar a cruz. Eu também, pela graça de Deus, posso ser seu cireneu. Uma mãozinha, de um para o outro, para termos ombros fortes! Suas palavras me fazem rezar e refletir, me levam à conversão. Também choro com o que você me conta e escreve e rio com você... O amor de Cristo nos uniu. Agora, juntos até o céu e lá também. Amém? Posso ajudar você a espremer o seu limão?

Minha última cirurgia da traqueia foi bastante delicada e demorada. Contaram para mim que, assim que acordei, na sala de cirurgia, perguntei aos médicos: "Onde estou? Já estou no céu?". E eles responderam: "Não, Padre Márlon. O senhor está no hospital, na sala de cirurgia. Acabou de acabar". Aí perguntei: "E aqui tem chocolate?". Eu preferia escrever sobre chocolate, mas minha vida tem mais limões do que chocolate...

"A virtude da esperança corresponde ao desejo de felicidade que Deus colocou no coração de todo o homem; assume as esperanças que inspiram as atividades dos homens, purifica-as e ordena-as para o Reino dos céus; protege contra o desânimo; sustenta no abatimento; dilata o coração na expectativa da bem-aventurança eterna. O ânimo que a esperança dá preserva do egoísmo e conduz à felicidade da caridade." (Catecismo da Igreja Católica, 1.818)

Há quem diga que estou com a corda no pescoço. Sei também que o Inimigo quer me pegar pelo pescoço (mostro meu terço para ele, não a língua!). Eu mesmo poderia já estar com minha traqueostomia "pelo pescoço". Mas não, eu tenho muita fé em Nosso Senhor e em Nossa Senhora! Da minha goela, Jesus é o Senhor! Da minha garganta, Maria passou à frente. Amém?

Não sou "carne de pescoço" e desejo, com minha esperança, santificar a mim e aos outros por meio de meus pequenos sofrimentos unidos aos sofrimentos de Nosso Senhor. Posso ajudar você a espremer os limões que a vida te deu? Tenho tanta esperança de ver suas limonadas, de ver você superando seus desafios, de ver a sua resiliência em meio às agruras que a vida te trouxe e ressignificações dos seus sofrimentos. Tenho esperança em você, e Deus ainda mais!

Se não der para fazer limonada, faça musse de limão

"Ao lado dos doentes, é preciso ser alegre… Não devemos nos lamentar como pessoas que não têm esperança!" (Santa Teresinha do Menino Jesus)

"Tudo pode ser tomado do homem, exceto uma coisa: a última das liberdades humanas – a escolha da atitude pessoal diante de um conjunto de circunstâncias – para decidir seu próprio caminho." (Viktor Frankl)

Se não der para fazer de um jeito, faça de outro. Se não der para fazer com uma coisa, faça com outra. Se não der para fazer em um lugar, faça em outro. Se não der para fazer agora, faça depois. O que você não pode é desistir, jamais! Você pode decidir seu próprio caminho. Acredito nisso!

Faça novas receitas. Invente receitas com os seus limões. Reinvente-se!

Gente, eu estava verdadeiramente louco de vontade de comer pipoca. Como eu amo pipoca! Mas no momento isso é algo muito arriscado para mim. Mesmo que eu não engasgasse, a mastigação poderia aumentar a minha fadiga muscular, ou seja, de toda maneira daria errado. Pois o bom Deus inspirou a minha família e os profissionais que cuidam de mim. Resultado: pipoca de sagu!

A pipoca de sagu é maravilhosa. Muito mais saborosa e mil vezes melhor que a pipoca de milho. Você a coloca na boca e ela derrete! Uau!

Eu nunca saberia da pipoca de sagu e do sabor dela se não estivesse com os músculos fraquinhos, inclusive os da mastigação e da deglutição. É isto: novos saberes e novos sabores nascem com os dissabores!

Viu só como a vida trata de criar oportunidades? Você só conhece a pipoca de milho até a vida te apresentar a pipoca de sagu. Você só descobre a força que tem quando precisa ser forte, quando ser forte é a sua única alternativa. Amém? Força na peruca!

Dois padres muito amigos meus fazem aniversário natalício no mesmo dia. Estou falando do Padre Pio e de São Camilo, dois santos muito amados pelo nosso povo.

O Padre Pio, São Pio de Pietrelcina, nasceu em 25 de maio de 1887, em Pietrelcina, na Itália. A sua bênção, meu paizinho! Obrigado por tudo, viu? Já comprou cada briga por mim, hein? No céu vou te dar um abraço tão grande... Ah, obrigado porque já aqui o senhor me abraça e me ajuda a abraçar a cruz de Jesus, da Igreja e do irmão!

O Padre Camilo, São Camilo de Léllis, nasceu em 25 de maio de 1550, em Bucchianico, também na Itália. Mais semelhanças entre São Camilo e São Pio: além de terem nascido no mesmo dia, mas com três séculos de diferença, São Camilo tentou ingressar no mesmo convento (em São Giovanni Rotondo), onde trezentos anos depois viveria o Padre Pio. São Camilo não foi aceito naquele convento por conta de uma ferida que tinha no pé e que carregou por toda a vida. Padre Pio ali viveu com as Chagas de Jesus.

O Padre Pio é meu paizinho espiritual, e o Padre Camilo, o diretor da minha equipe de saúde. Ah, como os amo! São dois grandes amigos padres que tenho. E como eles me amam! Todo dia, o Padre Pio e o Padre Camilo estão comigo na missa, ajudando-me a dar como convém o Santo Sacrifício do Altar e a cuidar dos pecadores e dos doentinhos do corpo e da alma.

Por isso dá certo: sou um padre enfermo que cuida dos enfermos, um padre pecador (em busca de santidade) cuidando dos pecadores. Pronto: somos três padres chagados cuidando dos chagados.

São Pio e São Camilo não fizeram como esperavam, mas fizeram do jeito que Deus esperava. Fizeram dos seus limões deliciosas limonadas para a humanidade. Sempre, de algum jeito, dá para a gente fazer o que a gente tem de fazer! Bote fé nisso. Se não der para fazer limonada, faça musse de limão!

Sou um limoeiro de pernas para o ar. Minhas raízes estão mais no céu do que na terra. É nesta fé que eu caminho: uma fé que me permite, vendo o limão, já antever a limonada. Amém? Concede-me, para tanto, Senhor, humildade, confiança e perseverança na oração. Que eu combata meus limões teimosos. Que eu combata este limão teimoso que sou, casca grossa e com pouco suco. Amém.

Convido você a rezar comigo esta oração do Padre Pio pelos doentes:

ORAÇÃO DE SÃO PADRE PIO PELA CURA

Ó, meu Jesus, dai-me a tua força quando a minha natureza fraca se rebelar contra a angústia e o sofrimento desta vida de exílio, e permitai-me aceitar tudo com serenidade e paz.

Com todas as minhas forças, agarro-me aos vossos méritos, aos vossos sofrimentos, à vossa expiação e às vossas lágrimas, para poder cooperar contigo na obra da salvação.

Dai-me força para fugir do pecado, a única causa de vossa agonia, vosso suor de sangue e vossa morte. Destrói em mim tudo o que vos desagrada e enchei o meu coração com o fogo do vosso santo amor e de todos os vossos sofrimentos.

Abraçai-me com ternura, com firmeza, bem perto de Vós, para que eu nunca vos deixe só na tua Paixão cruel. Peço apenas um lugar de descanso em vosso coração. Amém.

Um limão de cada vez

"Só ver o bom Deus feliz, isto basta plenamente para a minha felicidade." (Santa Teresinha do Menino Jesus).

"O significado da vida é dar significado à vida." (Viktor Frankl)

Um médico da UTI, meu grande amigo, dr. Felipe Manzani, lutador de krav magá, me ensinou a pensar, a dizer e a viver assim: "Um dia de cada vez!". Tem tudo a ver com o "Só tenho hoje!" de Santa Teresinha do Menino Jesus. Ela dizia que para amar Jesus só tinha aquele presente dia, aquele momento e aquele lugar. O "Só tenho hoje!" tem sido uma inspiração para eu viver com paixão, de maneira apaixonada e apaixonante, todos os dias.

Pois hoje eu te digo sobre os seus limões de cada dia: um limão de cada vez! Não queira resolver tudo ao mesmo tempo. Estou na cama, mas não estou deitado! E você: vive a vida ou fica deitado o tempo todo na cama?

Mundialmente, as Olimpíadas acontecem a cada quatro anos. No meu caso, ela é diária. Eu vivo nas Olimpíadas! Todo dia, faço seis metros rasos. É a distância da minha cama ao banheiro. Pelo menos uma vez por dia, vou ao banheiro. E tomo banho, né, gente? Quer dizer, mamãe Carminha me dá banho. Ela literalmente lava os meus pés todo santo dia! Nascemos para lavar os pés sujos, doentes e cansados uns dos outros. Amém?

É uma verdadeira maratona para mim. Tem dia em que perco até a cor! Volto exausto para a cama, transpirando em bicas e com a respiração totalmente bagunçada. Isso que tomo banho com o respirador mecânico e com muito cuidado.

Agora, "seis metros rasos" é a modalidade de que dou conta. São as minhas Olimpíadas, e estou muito feliz em fazer parte delas. No futuro, se Deus quiser, farei mais metros. Mas, agora, é o que consigo. Um dia de cada vez. Um limão de cada vez!

Depois das Olimpíadas, acontecem as Paraolimpíadas. Pois eu vivo nas RARAOLIMPÍADAS: nas constantes internações hospitalares na UTI e também em *home care*. As RARAOLIMPÍADAS são a peleja diária de quem é raro. As dores que não dão trégua nem com morfina, a acentuada fraqueza muscular e a fadiga fora do comum. No entanto, não posso perder tempo: neste exato momento estou, na hora em que dou conta, escrevendo junto deste livro, mais outros dois. Um devocional e um infantil.

Ah, suas orações, mensagens, doações e carinho estão me mantendo vivo e nas RARAOLIMPÍADAS, viu? Deus te pague!

A psicóloga Leila Guedes, missionária nossa, é rara como eu, aliás raríssima. Ela também tem ganhado muitas medalhas nas RARAOLIMPÍADAS. Leila tem uma doença rara chamada ARSACS: Ataxia Recessiva Autossômica Espástica de Charlevoix-Saguenay. Leila, num dia desses, me perguntou como eu estava. Ela é muito preocupada e carinhosa comigo. Fui sincero: "Leilinha, minha amada filha, estou passando mal, mas estou bem!". Rimos muito. Como Leila é também uma raridade, entendeu perfeitamente o que eu queria dizer. Assim é a vida em Jesus. Quando Jesus mora no nosso coração, quando somos d'Ele e abraçamos com alegria e fé a nossa cruz, seguindo-O com amor e fidelidade, somos felizes. Não ficamos esperando algo acontecer. Já somos felizes hoje. Eu e Leila somos como a poetisa Adélia Prado: "Não tenho tempo para mais nada. Ser feliz me consome muito!".

Fiquei chocado com uma notícia que recebi um tempo atrás: não posso ser doador de órgãos. Meu Deus! O motivo você já imagina: a enfermidade da qual sofro. Isso mexeu muito comigo. Penso que quem ama quer dar tudo. Agora e depois também!

Mas o consolo me veio com a madrinha Santa Teresinha do Menino Jesus. Ao contrário de muitos santos que ela conheceu, que diziam que compareceriam com as mãos cheias (de boas obras) diante de Deus, Santa Teresinha dizia que iria de mãos vazias, porque teria partilhado toda a sua vida, dado tudo de si. Tenho procurado dar tudo de mim a todos. O Senhor não quis um órgão meu ou outro, mas quis tudo de mim e me quis por inteiro!

No desenho O Fantasma, o Mandarim dizia para o Fantasma: "Se arde é porque cura". Faça suas limonadas com a Santa Igreja: com água-benta e em espírito de oração! Fazer limonadas do viver, no Senhor e nos santos, dando não apenas algo de si, mas dando tudo de si, sempre é possível, assim como rezar sempre é possível, assim como vencer os obstáculos sempre é possível, assim como ser bom e fazer o bem sempre é possível.

Limões de novo?

"Ó, meu Deus, longe de me desencorajar à vista de minhas misérias, venho a Vós com confiança." (Santa Teresinha do Menino Jesus)

"Contestar o sentido da vida é a mais verdadeira expressão do estado do ser humano." (Viktor Frankl)

"O senhor ficou doente de novo, Padre Márlon? Mas como? O senhor não tinha sido curado?" Os limões, vira e mexe, voltam. De vez em quando, alguém me pergunta (uns, por preocupação; outros, por curiosidade; uns, por bem; outros, penso que por maldade mesmo). Ora, você sabe que tenho uma doença neurodegenerativa ultrarrara. Aos olhos da ciência, incurável. Da ciência…

Eu nasci com a doença, mas só fui saber que a tinha em março de 2019, aos 45 anos, após uma exaustiva peregrinação por muitos centros médicos, consultas, exames, internações, provas terapêuticas, exclusão de outras doenças, descrédito da parte de alguns e humilhações da parte de outros. Uma via-sacra de busca de diagnóstico e tratamento que só quem tem uma doença rara conhece e entende.

Antes do correto diagnóstico de que tenho RTD, recebi muitos outros e fiz tratamentos que não surtiram efeito, pois eu era medicado para doenças que eu não tinha. Foram estes os diagnósticos: miastenia *gravis*, miastenia congênita, doença de Pompe, canalopatia, doença mitocondrial, esclerose múltipla, síndrome de Guillain-Barré, transtorno de *burnout*, depressão, ansiedade.

Ao lado da minha família e comunidade de fé, tenho uma abençoada e competente equipe médica (que inclui muitos médicos e de várias especialidades), de enfermagem e multiprofissional (que conta com fisioterapeutas, fonoaudiólogas, nutricionistas) em Taubaté, São José dos Campos, São Paulo, Curitiba, Campina Grande e Natal, capitaneada pelo caríssimo médico geneticista dr. Rodrigo Fock, da Unifesp. Como sou grato ao dr. Fock! Ele salvou a minha vida! Tenho por ele uma gratidão tenra, terrena e eterna. Foi ele que fechou o meu diagnóstico após exames clínicos e genéticos – e depois de ter discutido o meu caso em um congresso nos Estados Unidos. A caríssima médica geneticista dr.ª Rayana Maia, da UFPB, um doce de pessoa, também me acompanha.

No fim de março de 2019, tive uma descompensação metabólica que me levou à recidiva da doença, com a volta dos sintomas. Durante um ano e meio, os sintomas foram mínimos. Em muitos momentos, inexistentes. Creio, sim, que o bom Deus me abençoou e está abençoando. O Senhor não faz nada pela metade, e a ciência já descobriu o que tenho, viu como eu estava, como fiquei após a melhora e como estou agora. E está me tratando! "Toda a medicina vem de Deus", ensinou o Eclesiástico no capítulo 38, e eu nutro uma profunda reverência pela medicina.

Tomo emprestadas as palavras de ninguém mais ninguém menos que Albert Einstein: "Há duas formas de viver. Uma é acreditar que não existe milagre. A outra é acreditar que todas as coisas são um milagre". Não sei você, mas eu escolhi a segunda. Amém?

Acredito no milagre que sou, na coleção de milagres que sou. Uma das canções religiosas que mais amo – amo muito – é Alma Missionária. Belíssima! Podem cantá-la no meu velório, viu? Porque eu já busco cantá-la, com a graça de Deus, com a minha vida! Podem cantá-la no meu velório, porque a minha vida busca cantá-la.

A música é lindíssima, especialmente na interpretação da Ziza Fernandes. Ela fala de braços cansados, e eu já gostava dessa música quando ainda não tinha os braços cansados. Ela fala de novos horizontes a serem evangelizados, e eu ainda não tinha ido para a África. Ela fala de anos desgastados pela espera, e os meus anos não foram desgastados, porque nunca me cansei de estar cansado e nunca descansei de evangelizar – mesmo quando meu corpo na cruz da cama descansa. Veja um trecho da canção Alma Missionária:

"Te dou meu coração sincero
Para gritar sem medo: 'Formoso é teu amor'
Terei meus braços sem cansaço
Tua história em meus lábios e força na oração".

Bora lá! Lutar pela vida, porque a vida pede passagem! Estou na cama, mas a cama não me prende; nem meus braços cansados prendem meus atos; nem minha visão fraca prende meus olhos; nem minha audição fraca prende meus ouvidos.

Ser raro e ter RTD ficou menos difícil por conta da sua companhia e do seu sim. Você trouxe força à minha fraqueza, alento ao meu cansaço e alívio à minha dor. Por isso, muito, muito, muito obrigado mesmo! Que Deus recompense você. Você tem me ajudado a ser bento e a entender que a doença também pode ser benta.

Se os limões, vira e mexe, voltam, é porque o Senhor sabe: você é capaz de fazer a limonada necessária. Somos capazes de Deus e também de fazer a limonada! Limões de novo? Crescimento de novo, bênçãos de novo, novas oportunidades de novo! Conteste o sentido da sua vida e chegue à constatação de que somente buscando o sentido da sua vida é que você dará sentido a ela.

O limão do vizinho é mais bonito

"Não posso temer um Deus que se fez por mim tão pequeno... Eu o amo! Pois Ele só é amor e misericórdia." (Santa Teresinha do Menino Jesus)

"A única coisa que você não pode tirar de mim é a maneira que escolho responder ao que você faz comigo. A última das nossas liberdades é escolher nossa atitude em qualquer circunstância que nos é dada." (Viktor Frankl)

Já te contei que sorrio porque sofro, não contei? Pois bem, há uma canção que me define. Na verdade, ela foi composta em minha homenagem com base em algumas pregações que fiz lá no comecinho do meu ministério sacerdotal, entre os anos 2000 e 2002. Nossa, o Padre Márlon ganhou uma música em homenagem a ele? Ah... repare bem nestes versos do meu amado filho André Flavio Silva. Eu não poderia imaginar que tanto dessa canção se cumpriria na minha vida, que minha alma e minha vida seriam tão poeticamente descritas, tão verdadeira e dramaticamente descritas. Até da minha fala sem voz, por conta da traqueostomia, o André Flavio cantou, 20 anos antes de ela acontecer. A canção se chama "Coração Adorador". Veja estes versos:

Eu nasci pra te adorar
Te bendizer, te exaltar

Um coração adorador tu me deste
A tua glória irei cantar!

Nada pode impedir
Meu coração de te adorar
Pois se até a minha vida tirarem
Na pátria celeste irei cantar!

Podem até calar a minha voz
Podem até me ferir
Podem me prender, me difamar
Mas não podem impedir
Meu coração de te adorar
Não podem calar um coração adorador!

Minha gratidão às Irmãs Sacramentinas de Taubaté, fundação do meu grande amigo São Pedro Julião Eymard, "o Apóstolo da Eucaristia". Foram essas irmãzinhas que ajoelharam o meu coração e me deram, pela graça de Deus, um coração adorador. A Obra da Adoração Perpétua de lá incendiou a Missão Sede Santos de tal modo que nós também levantamos um trono perpétuo de adoração ao Senhor Jesus na Hóstia Consagrada.

Encontrei nos escritos de São Manuel Gonzáles García, "o Bispo do Sacrário Abandonado", a minha vocação. Dizia ele: "Eu não quero ser o Bispo da Sabedoria, nem da atividade, nem dos pobres, nem dos ricos, não quero ser mais que o Bispo do Sacrário Abandonado". Tudo o que fiz e faço vem da minha força eucarística, minha e da minha comunidade Missão Sede Santos. Vem do nosso coração adorador!

O coração adorador é o coração da Missão Sede Santos, minha herança para a Igreja e o mundo. A Missão Sede Santos nasceu do meu coração e do coração da minha caríssima Mirian Lemes, em 30 de julho de 2002. Já temos a Santa Miriam de Belém (Santa Miriam de Jesus Crucificado, OCD, de Belém, na Terra Santa), e logo, logo, teremos a Santa Miriam do Belém, MSS (porque a Miriam mora no bairro do Belém, aqui em Taubaté).

Nosso bispo fundante é nosso amado Dom Carmo João Rhoden, SCJ, hoje bispo emérito de Taubaté e residente em Santa Catarina. Atualmente, nosso bispo, que nos pastoreia com tanto zelo e carinho, bispo da Diocese de Taubaté, é o Dom Wilson Luís Angotti Filho.

Temos também alguns bispos que já são nossos intercessores no Céu. Entre eles, Dom Antônio Affonso de Miranda, SDN. Nós o chamávamos de Bispo Baluarte da Missão Sede Santos. Dom Antônio era bispo emérito de Taubaté quando entrou no céu; ele foi bispo da Diocese de Taubaté antes de Dom Carmo, que, por sua vez, foi sucedido por Dom Wilson.

A Missão Sede Santos – Nova Comunidade e Obra de Evangelização – nasceu para recordar aos batizados a vocação universal para a santidade. Nosso Carisma é tornar Jesus mais conhecido, amado, seguido e adorado, através da busca pessoal e comunitária de santidade de vida de seus membros.

Nossa espiritualidade é a da Renovação Carismática Católica. Nossa patrona é Santa Teresinha do Menino Jesus. Temos por baluartes São Pedro Julião Eymard, Santa Faustina Kowalska e São Francisco das Chagas. Nosso Carisma se realiza num tríplice apostolado: adoração perpétua a Jesus Sacramentado; obras de misericórdia corporais e espirituais; e meios de comunicação. Nosso lema é "Sentindo com Cristo e a Igreja".

A Missão Sede Santos nasceu dos meus limões e se mantém viva pelos meus limões! Não pense você que o limão do vizinho é mais bonito e que a limonada dele é mais gostosa. Nada de invejar o pomar alheio! Bonito é você fazer as limonadas necessárias com os limões que a vida te deu. Amém?

Você não pode tirar de mim as escolhas que fiz e que levaram às minhas recolhas. Quanto a você, quero ajudá-lo, com minha oração e meu sofrimento, a ver a beleza da vida, sobretudo da vida em Jesus. Sim, é possível encontrar um sentido na vida e o sentido da vida. É possível ir além dos limões do dia a dia e do limão e do pomar do vizinho. A inveja mina nossas forças!

Vou continuar fazendo limonada

"Viver de amor é dar sem medida, sem na Terra salário reclamar." (Santa Teresinha do Menino Jesus)

"Encontrei o sentido da minha vida ajudando outras pessoas a encontrar um sentido em suas vidas." (Viktor Frankl)

Tenho descoberto que "A felicidade não consiste em não sofrer, mas em saber sofrer", como dizia a serva de Deus madre Cecília do Coração de Maria, a "Mamãe Cecília". Em outras palavras, a felicidade consiste em saber usar os limões que a vida nos dá, fazendo deles uma refrescante, inteligente e interessante limonada. Esse é um ato dos *guibores*, dos valentes guerreiros!
Tenho buscado trabalhar como esta oração que, provavelmente, foi a última a ser rezada pelas Irmãs Missionárias da Caridade, martirizadas do Iêmen:

"Senhor, ensinai-me a ser generoso. Ensinai-me a servir-vos como Vós mereceis; a ofertar sem calcular o custo; a lutar sem reparar nas feridas; a trabalhar sem procurar descanso; a trabalhar sem pedir recompensa. Amém".

No meu aniversário de 20 anos de sacerdócio, a minha amada Cidinha Moraes, do Vida Reluz (que tanto amo também), veio à Santa Missa que celebrei já aqui em casa (e não na igreja), na sala (na ocasião, eu ainda não estava na cama, estava na poltrona), para cantar especialmente para mim uma música pela qual sou apaixonado. Preciso te contar que chorei de soluçar enquanto a Cidinha ministrava a música. A canção diz bem da minha luta e também da minha decisão:

> Os Teus caminhos posso não entender, Senhor
> Mas sei que tudo é visando o meu crescer
> Se lutas e tribulações
> Eu tenho que passar
> Te peço forças para continuar

Não preciso explicar a minha decisão, não é mesmo? Acho que você já entendeu: eu decidi continuar. Custe o que me custar, vou continuar. Por mais difícil ou impossível que seja, vou continuar. Mesmo que custe minha própria vida, vou continuar.

Vou continuar segurando na mão de Deus e também na sua, pode ser? Olha, não vou desistir da via-sacra da minha vida, pois estou em favor da sua. Não serei um desertor da cruz, não vou me comportar como um inimigo da cruz (Fl 3,18). Não vou descer da cruz! Vou continuar.

O Senhor fez de mim um *guibor*, um guerreiro de elite. Ele fez de mim um perito espremedor de limões, um fazedor das mais deliciosas limonadas do viver, para mim e sobretudo em favor de quem passa pelas estradas da minha vida e em favor daqueles cujas estradas Ele me permite percorrer, mesmo da cama, pela oferta sorridente da minha vida.

Mas o Senhor também quer fazer de você um *guibor*, um valente guerreiro, um especialista em transformar a acidez do limão do dia a dia dos corações na doçura da limonada da vida em Jesus. Feliz limonada para você! Feliz resiliência e ressignificação. Feliz superação! Feliz busca e encontro do sentido da vida. Feliz santidade!

Se Deus quiser, a gente se encontra, sorrindo mesmo que entre lágrimas, pelas estradas e pelos canteiros da vida, buscando a superação e oferecendo os nossos sofrimentos a Jesus por causas nobres. A gente se encontra também no céu; juntos até o céu e lá também. Amém?

Conheça mais do trabalho do Padre Márlon

Canal SantoFlow Podcast

Nos *podcasts* do meu amado Guto Azevedo, do canal SantoFlow Podcast, partilho muito da minha vida.
Assista no YouTube!
youtube.com/c/SantoFlowPodcast

Livros

Conheça meus outros livros, acessando nosso site: www.sedesantos.com.br

Doações

Se você quiser nos ajudar nas pesquisas que buscam a cura da RTD, pode fazer uma doação para nós por meio desta conta-corrente:

Associação Missão Sede Santos
Banco do Brasil
Ag. 6518-8
C/C 41.256-2

CNPJ 05.821.356/0001-00

Pix: 05.821.356/0001-00

Alguns materiais e medicamentos de alto custo necessários para o meu tratamento não são fornecidos pelo plano de saúde nem pelos cuidados domiciliares, totalizando R$ 12.000 mensais.

Se você desejar me ajudar diretamente, colaborando com a minha saúde, estes são os dados da minha conta-corrente pessoal:

Márlon Múcio Corrêa Silveira
Banco Bradesco   CPF 117.856.708-75
Ag. 0195-3
C/C 99.878-8   Pix: 117.856.708-75

Conheça mais do hospital dos raros, em Taubaté (SP): Casa de Saúde Nossa Senhora dos Raros: www.sedesantos.com.br e colabore com essa obra de Deus, em favor das pessoas com doenças raras e suas famílias:

Associação Missão Sede Santos
Banco Bradesco   CNPJ 05.821.356/0001-00
Ag. 0195-3
C/C 103.648-3   Pix: escritorio@sedesantos.com.br
Site: www.sedesantos.com.br

Instituto Santa Teresa d'Ávila

Comunidade terapêutica para tratamento de pessoas com dependência química em álcool ou outras drogas. Você precisa de ajuda para vencer as drogas? Conhece alguém que precisa? Conte conosco!

E se sentir no coração o desejo de ser nosso benfeitor, queira nos procurar:

Estrada Municipal Borda da Mata, 3.052, Borda da Mata
CEP 12284-820, Caçapava (SP)   Site: www.sedesantos.com.br
Telefone para informações: Casa João Paulo II – (12) 3624-6433 /
                                                  (12) 98252-8878

Missão Sede Santos

Conheça mais da Missão Sede Santos. Apaixone-se, você também, por essa obra de Deus. Siga-nos nas redes sociais e ajude-nos a continuar evangelizando e promovendo a vida humana:

- Facebook: facebook.com/comsedesantos
- Instagram: instagram.com/missaosedesantos
- Site: www.sedesantos.com.br

Nossa sede fica no endereço:

Casa João Paulo II
Rua do Café, 58, Centro – CEP 12010-330, Taubaté (SP)
Telefones: (12) 3624-6433 / (12) 3624-6883 / (12) 98252-8878

RTD: saiba mais sobre a Deficiência do Transportador de Riboflavina

Cure RTD Brasil

- Facebook: facebook.com/curertdbrasil
- Instagram: instagram.com/CureRTDBrasil
- Site: www.curertd.org

Instituto Vidas Raras

Para saber mais sobre doenças raras, acesse:

- Facebook: facebook.com/vidasraras
- Instagram: instagram.com/vidasraras
- Site: www.vidasraras.org.br

Bibliografia

ARRAES, Marlon. *Padre Léo:* Biografia. Cachoeira Paulista: Editora Canção Nova, 2015.

BÍBLIA Ave Maria. Bíblia Católica. Disponível em: https://www.bibliacatolica.com.br/biblia-ave-maria/genesis/1/. Acesso em: 15 abr. 2022.

BÍBLIA Sagrada. São Paulo: Editora Ave Maria, 2021.

CATECISMO da Igreja Católica. São Paulo: Editora Loyola, 2000.

CATECISMO da Igreja Católica. Vaticano. Disponível em: https://www.vatican.va/archive/cathechism_po/index_new/prima-pagina-cic_po.html. Acesso em: 15 abr. 2022.

FRANKL, Viktor E. *Em busca de sentido.* Petrópolis: Editora Vozes, 2021.

FRANKL, Viktor E. *Sobre o sentido da vida.* Petrópolis: Editora Vozes, 2022.

GULISANO, Paolo. Eutrapelia: A virtude do bom humor. Padrepauloricardo.org. Tradução: Zenit/Equipe CNP. 14 mar. 2018. Disponível em: https://padrepauloricardo.org/blog/eutrapelia-a-virtude-do-bom-humor. Acesso em: 15 mar. 2022.

LÉO, SCJ, Padre. *Buscai as coisas do alto.* Cachoeira Paulista: Editora Canção Nova. 2015.

LÉO, SCJ, Padre. *Curados para vencer a batalha.* Cachoeira Paulista: Editora Canção Nova, 2009.

LÉO, SCJ, Padre. *Gotas de cura interior.* Cachoeira Paulista: Editora Canção Nova, 2016.

MÚCIO, Padre Márlon. *40 dias transformando maldições em bênçãos.* Taubaté: Editora Missão Sede Santos, 2015.

MÚCIO, Padre Márlon. *Bê-á-bá da fé católica*. Taubaté: Editora Missão Sede Santos, 2007.

MÚCIO, Padre Márlon. *Coragem para viver.* Mensagens e orações de Madre Teresa de Calcutá. Taubaté: Editora Missão Sede Santos, 2007.

MÚCIO, Padre Márlon. *O remédio é Jesus*. Taubaté: Editora Missão Sede Santos, 2017.

MÚCIO, Padre Márlon. *Orações de proteção e combate espiritual.* Taubaté: Editora Missão Sede Santos, 2009.

MÚCIO, Padre Márlon. *Os dez mandamentos da cura*. Taubaté: Editora Missão Sede Santos, 2008.

MÚCIO, Padre Márlon. *Poderosa novena Maria, passa à frente!* Taubaté: Editora Missão Sede Santos, 2011.

MÚCIO, Padre Márlon. *Que os anjos digam amém.* Orações aos anjos. Taubaté: Editora Missão Sede Santos, 2016.

MÚCIO, Padre Márlon. *Quem reza é mais feliz*. Taubaté: Editora Missão Sede Santos, 2018.

NOÈ, Salvador. *É proibido reclamar*. São Paulo: Editora Planeta, 2019.

OBRAS completas de Santa Teresa do Menino Jesus e da Sagrada Face. São Paulo: Editora Paulus, 2019.

ROSSI, Padre Marcelo. *Batismo de fogo*. São Paulo: Editora Planeta, 2020.

SHEEN, Fulton J. *O sacerdote não se pertence*. São Paulo: Editora Molokai, 2020.